Der Anti-Stress-Trainer für Führungsfrauen

Margarita von Mayen

Der Anti-Stress-Trainer für Führungsfrauen

Souveränes Führen für weibliche Führungskräfte

Margarita von Mayen
Bad Oeynhausen, Deutschland

ISBN 978-3-658-12396-3   ISBN 978-3-658-12397-0   (eBook)
DOI 10.1007/978-3-658-12397-0

Die Deutsche Nationalbibliothek verzeichnet diese Publikation in der Deutschen Nationalbibliografie; detaillierte bibliografische Daten sind im Internet über http:// dnb.d-nb.de abrufbar.

Springer Gabler
© Springer Fachmedien Wiesbaden 2017

Lektorat: Annika Hoischen
Redaktion: Marina Bayerl
Illustrationen: Kathrin Pyplatz (Info@kathrin-pyplatz.com)
Coverdesign: deblik Berlin

Gedruckt auf säurefreiem und chlorfrei gebleichtem Papier

Springer Gabler ist Teil von Springer Nature
Die eingetragene Gesellschaft ist Springer Fachmedien Wiesbaden GmbH
Die Anschrift der Gesellschaft ist: Abraham-Lincoln-Strasse 46, 65189 Wiesbaden, Germany

Lerne, Dir selbst dein bester Freund zu sein, denn man tappt leicht in die Falle und wird sein ärgster Feind.

Sergio Bambaren, Die Zeit der
Sternschnuppen

Vorwort

Stress zu definieren ist, als würden Sie versuchen, Pudding an die Wand zu nageln. Ein schwieriges Unterfangen. (Elkin 2015: 39)

Deswegen versuche ich es erst gar nicht. Ich denke, Sie wissen genau, wie sich Stress anfühlt. Stress, der durch innere und äußere Reize hervorgerufen wird, ist allgegenwärtig, individuell und im Alltag, mehr oder weniger ausgeprägt, unser ständiger Begleiter. In der heutigen Arbeitswelt leiden immer mehr Mitarbeiter unter den gestiegenen Anforderungen, insbesondere Frauen, wenn sie einer Mehrfachbelastung standhalten müssen. Wir dürfen uns daran gewöhnen, dass Stress im Alltag allgegenwärtig ist und bleiben wird. Vielmehr wird es von Bedeutung sein, wie wir damit umgehen und was wir daraus machen. Sei es mit einer anderen Führungskultur oder einem veränderten Bewusstsein.

Zugegeben, zu den Themen Stress oder Führung gibt es zahlreiche Bücher. Doch es gibt einen Unterschied. Manche Menschen schreiben Bücher über Dinge, die sie im realen Leben noch gar nicht erlebt haben, sie etwa wissenschaftlich beleuchten und damit einen bereichernden Beitrag leisten. Andere Menschen schreiben wiederum Bücher, weil sie in der Praxis mit den Themen umfangreiche Erfahrungen gesammelt haben und sich in unterschiedlichster Weise damit auseinandersetzen mussten. Das sind wertvolle Erfahrungen, von denen wir, wenn sie mit uns geteilt werden, sehr viel lernen können. So ein Mensch ist Margarita von Mayen. Ihr gelingt es immer wieder, Stressfallen – besonders mit dem Fokus auf Frauen und Führung – ausfindig und das Beste daraus zu machen. Aus ihrer Biografie wird klar, dass sich ihr das Leben nicht immer von der schönsten Seite zeigte. Trotz widrigster Umstände, Niederlagen oder Rückschlägen und zahlreichen Stresssituationen im Beruf, meistert sie die Hürden mit Bravour. Sie schreibt das Buch nicht als Ratgeber, sondern vielmehr als erfahrene und empathische Mentorin.

Man kann einen Menschen nichts lehren,
man kann ihm nur helfen,
es in sich selbst zu entdecken.
(Galileo Galilei)

Kempten, Deutschland   Daniela Schul
Im Mai 2016   B.A./MBA ist Founder & CEO
des Unternehmerinnennetzwerkes
Frau im Business und Co-Founder der
Online Business Academy

Inhaltsverzeichnis

Über die Autorin

Margarita von Mayen oder Mag, wie sie sich nennt, ist eine empathische fröhliche Powerfrau und Macherin.

Mit Mut und großem Engagement stellt sie sich stets neuen Herausforderungen.

Trotz schwierigster Rahmenbedingungen hat sie nie aufgegeben, sondern ist unverdrossen ihren Weg gegangen.

Der MagWay war geboren und mit ihm der Wunsch, andere auf ihrem unverwechselbaren Weg zu begleiten.

Aufgrund ihrer Vita und umfangreichen Erfahrungen als oft einzige Frau in traditionellen Männerdomänen, hat sie sich dem Thema weibliche Führungskräfte verschrieben.

So war sie nach ihrem Studium der Rechts-und Verwaltungswissenschaften mit Schwerpunkt Personal und Organisation als Führungsfrau in verschiedenen IT-Firmen tätig.

Diese vielseitigen Erfahrungen setzte sie als selbstständige Projektleiterin, Interimsmanagerin, Consultant und Trainerin in den Branchen Automotive, Maschinenbau, Pharma und Logistik mit großem Erfolg ein.

Um ihre Kenntnis über die verschiedensten Bereiche, Hierarchiestufen und Tätigkeitsfelder weitergeben zu können, arbeitet sie heute als Systemischer und Business Coach sowie Women Performance Coach und Anti-Stress-Berater.

Außerdem hält sie Seminare für Führungsfrauen und Führungsmänner in Deutschland und auf Mallorca. Weitere in Griechenland sind in Planung.

Sie ist stolze Mutter eines 19jährigen Sohnes und hat als solche den Spagat zwischen Familie und Beruf hautnah miterlebt. Diese Erfahrung fließt in ihre Arbeit ein.

Als ehemalige Leistungssportlerin hat sie sich der körperlichen Bewegung, wie etwa Schwimmen, Wanderungen mit ihrem Hund, Radfahren, Fitness, Tanzen und Yoga verschrieben. Ihre ganzheitliche Sichtweise der Dinge, hat sie auch dazu bewogen, vor 2 Jahren eine Ausbildung als Yogalehrerin zu beenden.

Elementar ist für sie aber auch die geistige Beweglichkeit. So ist sie ein Polypreneur, der an den vielfältigsten Themen, wie Politik, Geschichte, Soziologie, Psychologie, Neurowissenschaft, Literatur, Technik und Architektur interessiert ist. Neugier und Lust auf Neues, Unbekanntes prägen ihr Leben. So gehört ständiges Lernen, aber auch die Weite der Welt unbedingt zu ihrer eigenen Entwicklung dazu.

Ein Leben ohne Reisen, neue Eindrücke, andere Kulturen und Lebensformen wäre für sie nicht vorstellbar. Dies alles fließt auch in ihre Arbeit ein.

Wenn Sie an dem MagWay interessiert sind, dann erfahren Sie mehr unter http://www.magway.de/.

1

Kleine Stresskunde: Das Adrenalinzeitalter

Peter Buchenau

Das Konzept der Reihe

Möglicherweise kennen Sie bereits meinen Anti-Stress-Trainer (Buchenau 2014). Das vorliegende Kapitel greift darauf zurück, weil das Konzept der neuen Anti-Stress-Trainer-Reihe die Tipps, Herausforderungen und Ideen aus meinem Buch mit den jeweiligen Anforderungen der unterschiedlichen Berufsgruppen verbindet. Die Autoren, die jeweils aus Ihrem Jobprofil kommen, schneiden diese Inhalte dann für Sie zu. Viel Erfolg und passen Sie auf sich auf.

Leben auf der Überholspur: Sie leben unter der Diktatur des Adrenalins. Sie suchen immer den neuen Kick, und das nicht nur im beruflichen Umfeld. Selbst in der Freizeit, die Ihnen eigentlich Ruhephasen vom Alltagsstress bringen sollte, kommen Sie nicht zur Ruhe. Mehr als 41 %

© Springer Fachmedien Wiesbaden 2017

M. von Mayen, *Der Anti-Stress-Trainer für Führungsfrauen,*

DOI 10.1007/978-3-658-12397-0_1

aller Beschäftigten geben bereits heute an, sich in der Freizeit nicht mehr erholen zu können. Tendenz steigend. Wen wundert es?

Anstatt sich mit Power-Napping (Kurzschlaf) oder Extrem-Coaching (Gemütlichmachen) in der Freizeit Ruhe und Entspannung zu gönnen, macht die Gesellschaft vermehrt Extremsportarten wie Fallschirmspringen, Paragliding, Extremclimbing oder Marathon zu ihren Hobbys. Jugendliche ergeben sich dem Komasaufen, der Einnahme von verschiedensten Partydrogen oder verunstalten ihr Äußeres massiv durch Tattoos und Piercing. Sie hasten nicht nur mehr und mehr atemlos durchs Tempoland Freizeit, sondern auch durch das Geschäftsleben. Ständige Erreichbarkeit heißt die Lebenslösung. Digitalisierung und mobile virtuelle Kommunikation über die halbe Weltkugel bestimmen das Leben. Wer heute seine E-Mails nicht überall online checken kann, wer heute nicht auf Facebook, Instagram & Co. ist, ist out oder schlimmer noch, der existiert nicht.

Klar, die Anforderungen im Beruf werden immer komplexer. Die Zeit überholt uns, engt uns ein, bestimmt unseren Tagesablauf. Viel Arbeit, ein Meeting jagt das nächste, und ständig klingelt das Smartphone. Multitasking ist angesagt, und wir wollen so viele Tätigkeiten wie möglich gleichzeitig erledigen.

Schauen Sie sich doch mal in Ihren Meetings um. Wie viele Angestellte in Unternehmen beantworten in solchen Treffen gleichzeitig ihre E-Mails oder schreiben WhatsApp-Nachrichten? Kein Wunder, dass diese Mitarbeiter dann nur die Hälfte mitbekommen und Folgemeetings notwendig sind. Ebenfalls kein Wunder, dass das Leben einem davonrennt. Aber wie sagt schon ein altes chinesisches Sprichwort: „Zeit hat nur der, der sich auch Zeit nimmt." Zudem ist es unhöflich, seinem Gesprächspartner nur halb zuzuhören.

Das Gefühl, dass sich alles zum Besseren wendet, wird sich mit dieser Einstellung nicht einstellen. Im Gegenteil: Alles wird noch rasanter und flüchtiger. Müssen Sie dafür Ihre Grundbedürfnisse vergessen? Wurden Sie mit Stress oder Burn-out geboren? Nein, sicherlich nicht. Warum müssen Sie sich dann den Stress antun?

Zum Glück gibt es dazu das Adrenalin. Das Superhormon, die Superdroge der High-Speed-Gesellschaft. Bei Chemikern und Biologen auch unter $C9H13NO3$ bekannt. Dank Adrenalin schuften Sie wie ein Hamster im Rad. Schneller und schneller und noch schneller. Sogar die Freizeit läuft nicht ohne Adrenalin. Der Stress hat in den letzten Jahren dramatisch zugenommen und somit auch die Adrenalinausschüttung in Ihrem Körper.

Schon komisch: Da produzieren Sie massenhaft Adrenalin und können dieses so schwer erarbeitete Produkt nicht verkaufen. Ja, nicht mal verschenken können Sie es. In welcher Gesellschaft leben Sie denn überhaupt, wenn Sie für ein produziertes Produkt keine Abnehmer finden?

Deshalb die Frage aus betriebswirtschaftlicher Sicht an alle Unternehmer, Führungskräfte und Selbstständigen: Warum produziert Ihr ein Produkt, das Ihr nicht am Markt verkaufen könnt? Wärt Ihr meine Angestellten, würde ich Euch wegen Unproduktivität und Fehleinschätzung des Marktes feuern.

Stress kostet Unternehmen und Privatpersonen viel Geld. Gemäß einer Studie der Europäischen Beobachtungsstelle für berufsbedingte Risiken (mit Sitz in Bilbao) vom 04.02.2008 leidet jeder vierte EU-Bürger unter arbeitsbedingtem Stress. Im Jahre 2005 seien 22 % der europäischen Arbeitnehmer von Stress betroffen gewesen, ermittelte die Institution. Abgesehen vom menschlichen Leid bedeutet das auch, dass die wirtschaftliche Leistungsfähigkeit der Betroffenen in erheblichem Maße beeinträchtigt ist. Das kostet Unternehmen bares Geld. Schätzungen zufolge betrugen die Kosten, die der Wirtschaft in Verbindung mit arbeitsbedingtem Stress entstehen, 2002 in den damals noch 15 EU-Ländern 20 Mrd. EUR. 2006 schätzte das betriebswirtschaftliche Institut der Fachhochschule Köln diese Zahl alleine in Deutschland auf 80 bis 100 Mrd. EUR (Buchenau 2014).

60 % der Fehltage gehen inzwischen auf Stress zurück. Stress ist mittlerweile das zweithäufigste arbeitsbedingte Gesundheitsproblem. Nicht umsonst hat die Weltgesundheitsorganisation WHO Stress zur größten Gesundheitsgefahr im 21. Jahrhundert erklärt. Viele Verbände wie zum Beispiel der Deutsche Managerverband haben Stress und Burn-out auch zu zentralen Themen ihrer Verbandsarbeit erklärt.

1.1   Was sind die Ursachen?

Die häufigsten Auslöser für den Stress sind der Studie zufolge unsichere Arbeitsverhältnisse, hoher Termindruck, unflexible und lange Arbeitszeiten, Mobbing und nicht zuletzt die Unvereinbarkeit von Beruf und Familie. Neue Technologien, Materialien und Arbeitsprozesse bringen der Studie zufolge ebenfalls Risiken mit sich.

Meist Arbeitnehmer, die sich nicht angemessen wertgeschätzt fühlen und auch oft unter- beziehungsweise überfordert sind, leiden unter Dauerstress. Sie haben ein doppelt so hohes Risiko, an einem Herzinfarkt oder einer Depression zu erkranken. Anerkennung und die Perspektive, sich in einem sicheren Arbeitsverhältnis weiterentwickeln zu können, sind in diesem Umfeld viel wichtiger als nur eine angemessene Entlohnung. Diesen Wunsch vermisst man meist in öffentlichen Verwaltungen, in Behörden sowie Großkonzernen. Gewalt und Mobbing sind oft die Folge.

Gerade in Zeiten von Wirtschaftskrisen bauen Unternehmen und Verwaltungen immer mehr Personal ab. Hetze und Mehrarbeit aufgrund von Arbeitsverdichtung sind die Folge. Zieht die Wirtschaft wieder an, werden viele offene Stellen nicht mehr neu besetzt. Das Ergebnis: Viele Arbeitnehmer leisten massive Überstunden. 59 % haben Angst um ihren Job oder ihre Position im Unternehmen, wenn sie diese Mehrarbeit nicht erbringen, so die Studie.

Weiter ist bekannt, dass Druck (also Stress) Gegendruck erzeugt. Druck und Mehrarbeit über einen langen Zeitraum führen somit zu einer Produktivitäts-Senkung. Gemäß einer Schätzung des Kölner Angstforschers Wilfried Panse leisten Mitarbeiter schon lange vor einem Zusammenbruch 20 bis 40 % weniger als gesunde Mitarbeiter.

Wenn Vorgesetzte in diesen Zeiten zudem Ziele schwach oder ungenau formulieren und gleichzeitig Druck ausüben, erhöhen sich die stressbedingten Ausfallzeiten, die dann von den etwas stressresistenteren Mitarbeitern aufgefangen werden müssen. Eine Spirale, die sich immer tiefer in den Abgrund bewegt.

Im Gesundheitsbericht der Deutschen Angestellten Krankenkasse (DAK) steigt die Zahl der psychischen Erkrankungen massiv an und jeder zehnte Fehltag geht auf das Konto stressbedingter Krankheiten. Gemäß einer Studie des DGB bezweifeln 30 % der Beschäftigten, ihr Rentenalter im Beruf zu erreichen (Buchenau 2014). Frühverrentung ist die Folge. Haben Sie sich mal für Ihr Unternehmen gefragt, wie viel Geld Sie in Ihrem Unternehmen für durch Stress verursachte Ausfallzeiten bezahlen? Oder auf den einzelnen Menschen bezogen: Wie viel Geld zahlen Sie für Ihre Krankenversicherung und welche Gegenleistung bekommen Sie von der Krankenkasse dafür?

Vielleicht sollten die Krankenkassen verstärkt in die Vermeidung Stress verursachender Aufgaben und Tätigkeiten investieren anstatt Milliarden unüberlegt in die Behandlung von gestressten oder bereits von Burn-out betroffenen Menschen zu stecken. In meiner Managerausbildung lernte ich bereits vor 20 Jahren: „Du musst das Problem an der Wurzel anpacken." Vorbeugen ist immer noch besser als reparieren.

Beispiel: Bereits 2005 erhielt die London Underground den Unum Provident Healthy Workplaces Award (frei übersetzt: den Unternehmens-Gesundheitsschutz-Präventionspreis) der britischen Regierung. Alle 13.000 Mitarbeiter der London Underground wurden ab 2003 einem Stress-Regulierungsprogramm unterzogen. Die Organisation wurde angepasst, die Vorgesetzten auf Früherkennung und Stress reduzierende Arbeitstechniken ausgebildet, und alle Mitarbeiter wurden über die Gefahren von Stress und Burn-out aufgeklärt. Das Ergebnis war verblüffend. Die Ausgaben, bedingt durch Fehlzeiten der Arbeitnehmer, reduzierten sich um 455.000 britische Pfund, was einem Return on Invest von 1:8 entspricht. Mit anderen Worten: Für jedes eingesetzte britische Pfund fließen acht Pfund wieder zurück ins Unternehmen. Eine erhöhte Produktivität des einzelnen Mitarbeiters war die Folge. Ebenso verbesserte sich die gesamte Firmenkultur. Die Mitarbeiter erlebten einen positiven Wechsel in Gesundheit und Lifestyle (Buchenau 2014).

Wann hören Sie auf, Geld aus dem Fenster zu werfen? Unternehmer, Führungskräfte, Personalverantwortliche und Selbstständige müssen sich deshalb immer wieder die Frage stellen, wie Stress im Unternehmen verhindert oder gemindert werden kann, um Kosten zu sparen und um somit die Produktivität und Effektivität zu steigern. Doch anstatt in Stresspräventionstrainings zu investieren, stehen landläufig weiterhin die Verkaufs- und Kommunikationsfähigkeiten des Personals im Fokus. Dabei zahlt sich, wie diese Beispiele beweisen, Stressprävention schnell und nachhaltig aus: Michael Kastner, Leiter des Instituts für Arbeitspsychologie und Arbeitsmedizin in Herdecke, beziffert die Rentabilität: „Eine Investition von einem Euro in eine moderne Gesundheitsförderung zahlt sich nach drei Jahren mit mindestens 1,8 EUR aus.".

1.2   Überlastet oder gar schon gestresst?

Modewort Stress … Der Satz „Ich bin im Stress" ist anscheinend zum Statussymbol geworden, denn wer so viel zu tun hat, dass er gestresst ist, scheint eine gefragte und wichtige Persönlichkeit zu sein. Stars, Manager, Politiker gehen hier mit schlechtem Beispiel voran und brüsten sich in der Öffentlichkeit damit, „gestresst zu sein". Stress scheint daher beliebt zu sein und ist immer eine willkommene Ausrede.

Es gehört zum guten Ton, keine Zeit zu haben, sonst könnte ja Ihr Gegenüber meinen, Sie täten nichts, seien faul, hätten wahrscheinlich keine Arbeit oder seien ein Versager. Überprüfen Sie mal bei sich selbst oder in Ihrem unmittelbaren Freundeskreis die Wortwahl: Die Mutter hat Stress mit ihrer Tochter, die Nachbarn haben Stress wegen der neuen Garage, der Vater hat Stress, weil er die Winterreifen wechseln muss, der Arbeitsweg ist stressig, weil so viel Verkehr ist, der Sohn kann nicht zum Sport, weil die Hausaufgaben ihn stressen, der neue Hund stresst, weil die Tochter, für die der Hund bestimmt war, Stress mit ihrer besten Freundin hat – und dadurch keine Zeit.

Ich bin gespannt, wie viele banale Erlebnisse Sie in Ihrer Familie und in Ihrem Freundeskreis entdecken.

Gewöhnen sich Körper und Geist an diese Bagatellen, besteht die Gefahr, dass wirkliche Stress- und Burn-out-Signale nicht mehr erkannt werden. Die Gefahr, in die Stress-Spirale zu geraten, steigt. Eine Studie des Schweizer Staatssekretariats für Wirtschaft aus dem Jahr 2000 untermauerte dies bereits damit, dass sich 82 % der Befragten gestresst fühlen, aber 70 % ihren Stress im Griff haben (Buchenau 2014). Entschuldigen Sie meine provokante Aussage: Dann haben Sie keinen Stress.

Überlastung … Es gibt viele Situationen von Überlastung. In der Medizin, Technik, Psyche, Sport et cetera hören und sehen wir jeden Tag Überlastungen. Es kann ein

Boot sein, welches zu schwer beladen ist. Ebenso aber auch, dass jemand im Moment zu viel Arbeit, zu viele Aufgaben, zu viele Sorgen hat oder dass ein System oder ein Organ zu sehr beansprucht ist und nicht mehr richtig funktioniert. Beispiel kann das Internet, das Stromnetz oder das Telefonnetz sein, aber auch der Kreislauf oder das Herz.

Die Fachliteratur drückt es als „momentan über dem Limit" oder „kurzzeitig mehr als erlaubt" aus. Wichtig ist hier das Wörtchen „momentan". Jeder von uns Menschen ist so gebaut, dass er kurzzeitig über seine Grenzen hinausgehen kann. Jeder von Ihnen kennt das Gefühl, etwas Besonders geleistet zu haben. Sie fühlen sich wohl dabei und sind meist hinterher stolz auf das Geleistete. Sehen Sie Licht am Horizont und sind Sie sich bewusst, welche Tätigkeit Sie ausführen und zudem, wie lange Sie an einer Aufgabe zu arbeiten haben, dann spricht die Stressforschung von Überlastung und nicht von Stress. Also dann, wenn der Vorgang, die Tätigkeit oder die Aufgabe für Sie absehbar und kalkulierbar ist. Dieser Vorgang ist aber von Mensch zu Mensch unterschiedlich. Zum Beispiel fühlt sich ein Marathonläufer nach 20 km überhaupt nicht überlastet, aber der übergewichtige Mensch, der Schwierigkeiten hat, zwei Stockwerke hochzusteigen, mit Sicherheit. Für ihn ist es keine Überlastung mehr, für ihn ist es Stress.

1.3   Alles Stress oder was?

Stress … Es gibt unzählige Definitionen von Stress und leider ist eine Eindeutigkeit oder eine Norm bis heute nicht gegeben. Stress ist individuell, unberechenbar, nicht greifbar. Es gibt kein Allheilmittel dagegen, da jeder Mensch Stress anders empfindet und somit auch die Vorbeuge- und Behandlungsmaßnahmen unterschiedlich sind.

Nachfolgende fünf Definitionen bezüglich Stress sind richtungsweisend:

> Stress ist ein Zustand der Alarmbereitschaft des Organismus, der sich auf eine erhöhte Leistungsbereitschaft einstellt (Hans Seyle 1936; ein ungarisch-kanadischer Zoologe, gilt als der Vater der Stressforschung).

> Stress ist eine Belastung, Störung und Gefährdung des Organismus, die bei zu hoher Intensität eine Überforderung der psychischen und/oder physischen Anpassungskapazität zur Folge hat (Fredrik Fester 1976).

> Stress gibt es nur, wenn Sie ‚Ja' sagen und ‚Nein' meinen (Reinhard Sprenger 2000).

> Stress wird verursacht, wenn du ‚hier' bist, aber ‚dort' sein willst, wenn du in der Gegenwart bist, aber in der Zukunft sein willst (Eckhard Tolle 2002).

> Stress ist heute die allgemeine Bezeichnung für körperliche und seelische Reaktionen auf äußere oder innere Reize, die wir Menschen als anregend oder belastend empfinden. Stress ist das Bestreben des Körpers, nach einem irritierenden Reiz so schnell wie möglich wieder ins Gleichgewicht zu kommen (Schweizer Institut für Stressforschung 2005).

Bei allen fünf Definitionen gilt es zu unterscheiden zwischen negativem Stress – ausgelöst durch im Geiste unmöglich zu lösende Situationen – und positivem Stress, welcher in Situationen entsteht, die subjektiv als lösbar wahrgenommen werden. Sobald Sie begreifen, dass Sie selbst über das Empfinden von freudvollem Stress (Eu-Stress) und leidvollem Stress (Di-Stress) entscheiden, haben Sie Handlungsspielraum.

Bei **positivem Stress** wird eine schwierige Situation als positive Herausforderung gesehen, die es zu bewältigen gilt und die Sie sogar genießen können. Beim positiven Stress sind Sie hoch motiviert und konzentriert. Stress ist hier die Triebkraft zum Erfolg.

Bei **negativem Stress** befinden Sie sich in einer schwierigen Situation, die Sie noch mehr als völlig überfordert. Sie fühlen sich der Situation ausgeliefert, sind hilflos, und es werden keine Handlungsmöglichkeiten oder Wege aus der Situation gesehen. Langfristig macht dieser negative Stress krank und endet oft im Burn-out.

1.4 Burn-out – Die letzte Stressstufe

Burn-out … Als letzte Stufe des Stresses tritt das sogenannte Burn-out auf. Nun hilft keine Medizin und Prävention mehr; jetzt muss eine langfristige Auszeit unter professioneller Begleitung her. Ohne fremde Hilfe können Sie der Burn-out-Spirale nicht entkommen. Die Wiedereingliederung eines Burn-out-Klienten zurück in die Arbeitswelt ist sehr aufwendig. Meist gelingt das erst nach einem Jahr Auszeit, oft auch gar nicht.

Nach einer Studie der Freiburger Unternehmensgruppe Saaman aus dem Jahr 2007 haben 45 % von 10.000 befragten Managern Burn-out- Symptome. Die gebräuchlichste Definition von Burn-out stammt von Maslach und Jackson aus dem Jahr 1986: „Burnout ist ein Syndrom der emotionalen Erschöpfung, der Depersonalisation und der reduzierten persönlichen Leistung, das bei Individuen auftreten kann, die auf irgendeine Art mit Leuten arbeiten oder von Leuten beeinflusst werden" (Buchenau 2014).

Burn-out entsteht nicht in Tagen oder Wochen. Burn-out entwickelt sich über Monate bis hin zu mehreren Jahren, stufenweise und fortlaufend mit physischen, emotionalen und mentalen Erschöpfungen. Dabei kann es immer wieder zu zwischenzeitlicher Besserung und Erholung kommen. Der fließende Übergang von der normalen Erschöpfung über den Stress zu den ersten Stadien des Burn-outs wird oft nicht erkannt, sondern als „normale" Entwicklung akzeptiert. Reagiert der Betroffene in diesem Zustand nicht auf die Signale, die sein Körper ihm permanent mitteilt und ändert der Klient seine inneren oder äußeren Einfluss- und Stressfaktoren nicht, besteht die Gefahr einer sehr ernsten Erkrankung. Diese Signale können dauerhafte Niedergeschlagenheit, Ermüdung, Lustlosigkeit, aber auch Verspannungen und Kopfschmerzen sein. Es kommt zu einer kreisförmigen, gegenseitigen Verstärkung der einzelnen Komponenten. Unterschiedliche Forschergruppen haben auf der Grundlage von Beobachtungen den Verlauf in typische Stufen unterteilt.

Wollen Sie sich das alles antun?

Leider ist Burn-out in den meisten Firmen ein Tabuthema – die Dunkelziffer ist groß. Betroffene Arbeitnehmer und Führungskräfte schieben oft andere Begründungen für ihren

Ausfall vor – aus Angst vor negativen Folgen, wie zum Beispiel dem Verlust des Arbeitsplatzes. Es muss ein Umdenken stattfinden!

Wen kann es treffen? Theoretisch sind alle Menschen gefährdet, die nicht auf die Signale des Körpers achten. Vorwiegend trifft es einsatzbereite und engagierte Mitarbeiter, Führungskräfte und Selbstständige. Oft werden diese auch von Vorgesetzten geschätzt, von Kollegen bewundert, vielleicht auch beneidet. Solche Menschen sagen auch nie „nein"; deshalb wachsen die Aufgaben, und es stapeln sich die Arbeiten. Dazu kommt oft, dass sich Partner, Freunde und Kinder über zu wenig Zeit und Aufmerksamkeit beklagen. Wie Sie „Nein" sagen erlernen, erfahren Sie später.

Aus eigener Erfahrung kann ich sagen, dass der Weg zum Burn-out anfänglich mit kleinsten Hinweisen gepflastert ist, kaum merkbar, unauffällig, vernachlässigbar. Es bedarf einer hohen Achtsamkeit, um diese Signale des Körpers und der realisierenden Umwelt zu erkennen. Kleinigkeiten werden vergessen und vereinbarte Termine werden immer weniger eingehalten. Hobbys und Sport werden – wie bei mir geschehen – erheblich vernachlässigt. Auch mein Körper meldete sich Ende der neunziger Jahre mit leisen Botschaften: Schweißausbrüche, Herzrhythmusstörungen, schwerfällige Atmung und unruhiger Schlaf waren die Symptome, die anfänglich nicht von mir beachtet wurden.

Abschlusswort

Eigentlich ist Burn-out- oder Stressprävention für Businessfrauen ganz einfach. Tipps gibt es überall und Zeit dazu auch. Sie, ja Sie, Sie müssen es einfach nur tun. Viel Spaß und Unterhaltung beim nun folgenden Beitrag von Margarita von Mayen.

Literatur

Buchenau P (2014) Der Anti-Stress-Trainer. Springer, Wiesbaden

2

Stress bei Frauen ist anders – bei Führungsfrauen erst recht

Sie werden sicherlich sagen, Stress ist Stress und bei Männern und Frauen gibt es kaum Unterschiede.

Tatsache ist, dass es kaum Untersuchungen gibt, die den spezifischen Stress bei Frauen betrachten. Und dem besonderen Stress von Führungsfrauen wurde noch weniger Aufmerksamkeit geschenkt, da diese bis heute auf den obersten Sprossen der Karriereleiter eher selten zu finden sind.

Doch die Auswirkungen von Stress allgemein zu betrachten, bringt ungefähr so viel, wie auf die Nebenwirkungen auf Beipackzetteln zu vertrauen, die vorzugsweise an männlichen Probanden getestet wurden oder auf den umfänglichen Schutz eines auf einen Durchschnittsmann konzipierten Autositzes zu vertrauen. Im Zweifel kann es die Gesundheit oder sogar das Leben kosten.

© Springer Fachmedien Wiesbaden 2017   **15**
M. von Mayen, *Der Anti-Stress-Trainer für Führungsfrauen,*
DOI 10.1007/978-3-658-12397-0_2

Deshalb lassen Sie uns den spezifischen Stress von Führungsfrauen einmal genauer anschauen.

Zu einer der wenigen Studien, die sich diesem Problem nähert, gehört die SHAPE-Studie (Kromm und Frank 2009). Diese stellt die bisher umfangreichste Studie von Führungskräften im deutsch-sprachigen Raum dar. Dabei wurden 500 Manager des mittleren und oberen Managements beiderlei Geschlechts zu Themen wie aktueller Gesundheitszustand, beruflichen und privaten Belastungen bzw. Arbeits- und Lebensbedingungen, Work-Life-Balance und Gesundheitsprophylaxe befragt. Mit bemerkenswerten Ergebnissen gerade auch im Hinblick auf den Vergleich männlicher und weiblicher Führungskräfte zum deutschen Mann bzw. zur deutschen Frau.

So ergab sich dabei, dass weibliche Führungskräfte unter signifikant höheren körperlichen Beschwerden durch Stress leiden als ihre Geschlechtsgenossinnen. Männliche Manager dagegen erstaunlicherweise weniger als der männliche Durchschnittsmann vom Stress betroffen sind (vgl. Abb. 2.1).

Bei einer eingehenden Betrachtung der spezifischen Erkrankungen zeigt sich, dass sowohl bei männlichen als auch bei weiblichen Managern das Krankheitsbild Erschöpfung wesentlich stärker ausgeprägt ist als bei der deutschen Allgemeinbevölkerung.

So scheint die Arbeit als Führungskraft mit stärkeren Schlafproblemen, Müdigkeit, Abgespanntheit und damit höherer Erschöpfung einherzugehen.

Erstaunlich ist, dass weibliche Führungskräfte zwar bei allen untersuchten Krankheitsbildern den höchsten Anteil

Körperliche Beschwerden Gesamt

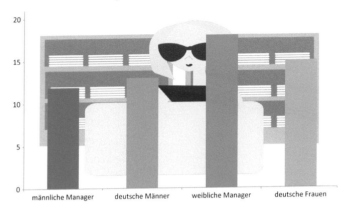

20
15
10
5
0

männliche Manager   deutsche Männer   weibliche Manager   deutsche Frauen

Abb. 2.1 Körperliche Beschwerden gesamt. (Quelle: Kromm F, Frank G, Gadinger M (2009), Sich tot arbeiten - und dabei gesund bleiben, In: Kromm W, Frank G (Hrsg.) Unternehmensressource Gesundheit, Symposium, Düsseldorf, S. 32, eigene Darstellung)

haben, so auch bei Magenbeschwerden und Gliederschmerzen, jedoch bei Herzbeschwerden unter den Werten der deutschen Frauen und Männern liegen. Sie werden nur noch „getoppt" von ihren männlichen Kollegen, die entgegen aller Vermutungen, die geringsten Herzprobleme haben (vgl. Abb. 2.2).

Die Studie sieht das als Hinweis darauf, dass es sich bei Herz-Kreislauf-Erkrankungen als typischen Managerkrankheiten um einen Mythos handeln könnte.

So hat auch die Kölner Sportwissenschaftlerin Bettina Begerow (Liesem 2006) die Gesundheit von weiblichen Führungskräften untersucht und ist dabei zur Erkenntnis gelangt, dass Frauen vor allem mit Muskel- und

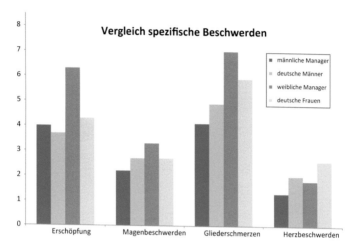

Abb. 2.2 Vergleich spezifische Beschwerden. (Quelle: Kromm F, Frank G, Gadinger M (2009), Sich tot arbeiten - und dabei gesund bleiben, In: Kromm W, Frank G (Hrsg.) Unternehmensressource Gesundheit, Symposium, Düsseldorf, S. 33, eigene Darstellung)

Skeletterkrankungen sowie psychischen und psychosomatischen Krankheiten zu kämpfen haben.

Dieses höhere Risiko psychisch zu erkranken, wird auch bestärkt durch die Studie „Psychische Gesundheit von Manager/innen" (Zimber und Hentrich 2009). Dabei wurden 282 Führungskräfte mit einem Durchschnittsalter von 47 Jahren und einem Frauenanteil von 54,4 % befragt. Die Managerinnen leiden demzufolge unter deutlich höherer emotionaler Erschöpfung als ihre männlichen Kollegen.

Sucht man hierzu Erklärungsansätze, kommt man neben den rein biologischen Ansätzen vor allem an den unterschiedlichen sozialen und gesellschaftlichen Kontexten von männlichen und weiblichen Führungskräften nicht vorbei. Auch typische Rollenmuster kommen hierbei zum Tragen.

Insbesondere das Thema Doppelbelastung, das weibliche Hilfsmuster, das Lieb-Mädchen sein wollen, es allen Recht machen, alles gleichzeitig und möglichst perfekt erledigen zu wollen, haben an der Entstehung der typisch weiblichen Krankheitsbilder einen großen Anteil.

Bei Männern – erst recht bei männlichen Führungskräften in ihrer Vorbildfunktion – gilt Krankheit immer noch als Zeichen von Schwäche und wird daher nicht gerne zugegeben.

Zusammenfassend kann man festhalten, dass Frauen, insbesondere Führungsfrauen, unter deutlich erhöhten körperlichen und psychischen Beschwerden leiden als ihre männlichen Kollegen.

Lassen Sie uns gemeinsam den Ursachen dafür auf den Grund gehen. Denn nur gesunde Führungsfrauen können die an sie gestellten Aufgaben und Herausforderungen bewältigen, gleichzeitig beruflichen und privaten Erfolg haben und damit anderen Frauen Mut machen, diesen Weg zu gehen.

Auf der weiteren Suche nach Erklärungen für den höheren Stress wollen wir uns zunächst zwei Alltagssituationen von Führungsfrauen näher betrachten.

Literatur

Kromm W, Frank G (Hrsg) (2009) Unternehmensressource Gesundheit – Weshalb die Folgen schlechter Führung kein Arzt heilen kann. Symposium Publishing GmbH, Düsseldorf

Liesem K (2006) bei Männern streikt das Herz, bei Frauen der Psyche, Frankfurter Allgemeine Zeitung, Nr 105, 06. Mai 2006, S 57

Prof Zimber, Dr A, Hentrich S (2009) Führen und gesund bleiben – Ergebnisse der Studie, Psychische Gesundheit von Manager/innen (PsyGeMa)'. Fakultät für Angewandte Psychologie, SRH Hochschule Heidelberg

3

Der ganz normale Wahnsinn – zwei Alltagsstorys

3.1 Story 1: Michaela W., Abteilungsleiterin in einem Pharmakonzern

Michaela W. kommt wieder einmal viel zu spät und mit schlechtem Gewissen nach Hause.

Während sie im Flur über die dort verstreuten Schuhe steigt, sieht sie eine rote Spur die in die Küche führt und erschrickt zu Tode.

Glücklicherweise sind es nur die Überreste einer Fischstäbchenorgie ihrer beiden Kinder. So sieht die Küche auch aus, als ob eine Bombe eingeschlagen hätte.

Derweil sitzt Ihr Mann ganz entspannt über der Tageszeitung und scheint von allem nicht viel mitbekommen zu haben. Ihre fünfjährige Tochter bestürmt sie, den Pudding

© Springer Fachmedien Wiesbaden 2017
M. von Mayen, *Der Anti-Stress-Trainer für Führungsfrauen*,
DOI 10.1007/978-3-658-12397-0_3

zu probieren, den sie extra für sie zusammengerührt hat und der seine Spuren überall hinterlassen hat.

Währenddessen drückt ihr der achtjährige Sohn ganz ungeduldig die unvollständigen Hausaufgaben in die Hand, mit der Bitte, diese durchzulesen.

Hastig isst sie ein paar Bissen, um dann mit ihrem Sohn die Hausaufgaben fertig zu machen und mit beiden Kindern noch ein bisschen zu spielen. Selbstverständlich bringt sie dann beide ins Bett und liest ihnen noch etwas vor. Sie sieht sie ja eh viel zu wenig.

Nach kurzem Aufräumen der Küche schläft Michaela W. völlig erschöpft auf dem Sofa ein. An eine gemeinsame Abendgestaltung mit ihrem Mann oder gar eigene Entspannung ist nicht mehr zu denken. Ganz zu schweigen von den Unterlagen, die sie bis morgen durcharbeiten sollte.

Später wälzt sie sich schlaflos im Bett herum. Sie geht in Gedanken den morgigen Tag durch und weiß nicht, wie sie die Musikaufführung ihrer Tochter bei ihrem Tagespensum schaffen soll. Zudem muss sie noch übernächstes Wochenende organisieren, wo sie ein wichtiges externes Seminar hat.

Sie weiß nicht, wie lange sie den Spagat zwischen Berufs- und Privatleben noch schaffen soll. Einerseits fühlt sie sich als Rabenmutter, andererseits wird sie den Anforderungen ihres Berufes nicht mehr voll gerecht, weil sie ständig erschöpft ist, Magen-Darm-Beschwerden hat und häufig unter Migräneanfällen leidet.

Für Entspannung, ihre Hobbys und gemeinsame Aktivitäten mit ihrem Mann und Freunden bleibt kaum noch Zeit.

Sollte sie nicht doch ihren Beruf aufgeben, solange die Kinder noch klein sind? Oder einen Schritt zurück in der Karriereleiter machen, um mehr Zeit für das Privatleben zu haben?

3.2   Story 2: Simone H., Projektleiterin in der Lebensmittelindustrie

Simone H. sitzt an ihrem überquellenden Schreibtisch und bearbeitet die Korrespondenz, während sie mit einem Mitarbeiter telefoniert. Sie freut sich auf einen pünktlichen Feierabend. Doch all das wird mit einem Schlag zunichte gemacht.

Ihr Vorgesetzter betritt das Zimmer. „Frau H. wir haben für morgen kurzfristig eine Projektsitzung anberaumt. Es macht ihnen doch sicherlich nichts aus, uns über den Zwischenstand des Projektes zu informieren?"

Simone H. spürt, wie sich der Magen zusammenzieht und der Kopf anfängt zu dröhnen. Sie versichert ihrem Chef, dass sie das selbstverständlich gerne machen würde. Natürlich kein Problem!

Wieder keine Mittagspause und mit geregeltem Feierabend ist auch nichts. Warum wird mit ihr der Termin nicht abgestimmt. Sie ist doch schließlich die Projektleiterin!

Auf dem Weg zum Kaffeeautomaten wird sie von ihrer Sekretärin aufgehalten, die über ihre persönlichen Probleme klagt.

„In dieser Situation kann ich ihr ja wirklich nicht auch noch weitere Arbeit zumuten", denkt Simone H., „Bleibt also wieder alles an mir hängen."

Wie gerne würde sie einmal früher Schluss machen, sich mit Freundinnen treffen oder ihren Hobbys nachgehen. Aber als einzige Frau in dieser Position steht sie im Fokus, kann sich keinen Fehler erlauben, sondern muss noch viel bessere Leistung als ihre Kollegen erbringen.

Kolleginnen zum Austauschen gibt es nicht und Kollegen würden ihr Verhalten sicherlich als Schwäche auslegen.

Simone H. fühlt sich isoliert, erschöpft, hat Kopfschmerzen und spürt die Last auf ihrem Rücken.

Sie weiß nicht, wie lange sie diesen physischen und psychischen Belastungen noch gewachsen ist.

Mögen auch beide Fälle zunächst extrem erscheinen, werden sie doch durch Studien belegt

So werden gerade für das höhere psychische Gesundheitsrisiko von Führungsfrauen Belastungsfaktoren wie Arbeitsintensität, emotionale Anforderungen, vor allem aber Work-Privacy-Konflikte verantwortlich gemacht (Zimber und Hentrich 2009).

Das wird durch die SHAPE-Studie (Kromm et al. 2009), die alarmierende Zahlen liefert, bestärkt. Demzufolge leiden Führungsfrauen gegenüber ihren männlichen Kollegen um ein Drittel mehr an chronischem Stress.

Dieser entsteht laut Studie zum einen durch hohe quantitative Anforderungen (vgl. Abb. 3.1). Wie etwa

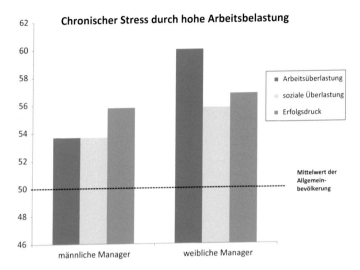

Abb. 3.1 Chronischer Stress durch hohe Arbeitsbelastung. (Quelle: Kromm F, Frank G, Gadinger M (2009), Sich tot arbeiten - und dabei gesund bleiben, In: Kromm W, Frank G (Hrsg.) Unternehmensressource Gesundheit, Symposium, Düsseldorf, S. 37, eigene Darstellung)

signifikant hohe Arbeitsbelastung (Erledigung zu vieler Aufgaben), soziale Überlastung (Kümmern um Probleme und Versorgung anderer) und Erfolgsdruck (Aufgabenerfüllung mit hoher Erwartung).

Zum anderen durch eine ungenügende Befriedigung menschlicher Grundbedürfnisse, wie z. B. Mangel an Anerkennung, Mangel an Potentialentwicklung (Arbeitsunzufriedenheit), Mangel an Bewältigung des Arbeitspensums (Arbeitsüberforderung) und Liebe (soziale Spannungen und soziale Isolation) (vgl. Abb. 3.2).

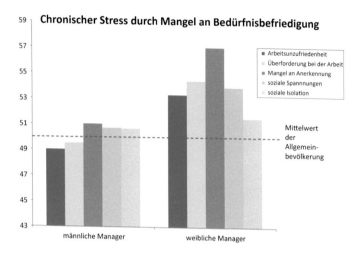

Abb. 3.2 Chronischer Stress durch Mangel an Bedürfnisbefriedigung. (Quelle: Kromm F, Frank G, Gadinger M (2009), Sich tot arbeiten - und dabei gesund bleiben, In: Kromm W, Frank G (Hrsg.) Unternehmensressource Gesundheit, Symposium, Düsseldorf, S. 38, eigene Darstellung)

In allen Fällen liegt der chronische Stress von Führungsfrauen deutlich über dem ihrer männlichen Kollegen und dem Mittelwert der Allgemeinbevölkerung.

Männliche Manager sind hingegen sogar deutlich zufriedener mit ihrer Arbeit und liegen auch im Hinblick auf ihre Potenzialentfaltung über dem Durchschnitt.

Zeit, Lösungen gegen den chronischen Stress von Führungsfrauen zu suchen!

Dazu ist es notwendig, die typischen Fallen zu erkennen, in die Führungsfrauen tagtäglich treten können und die auch bei Michela W. und Simone H. eine maßgebliche Rolle spielen.

Die genaue Kenntnis dieser Stressfallen hilft Ihnen, hohen chronischen Stress zu umgehen und ganz nebenbei beruflich und privat erfolgreich zu werden.

Damit können Sie nicht nur erheblich stressfreier ihren Alltag meistern, sondern auch als souveräne, kompetente, weibliche Führungsfrau wahrgenommen werden.

Klingt doch ziemlich verlockend. Lassen Sie uns die Stressfallen also genauer anschauen.

Literatur

Kromm W, Frank G, Gadinger M (2009) Sich tot arbeiten – und dabei gesund bleiben. In: Kromm W, Frank G (Hrsg) Unternehmensressource Gesundheit. Symposium, Düsseldorf, S 27–52

Zimber A, Hentrich S (2009) Führen und gesund bleiben – Ergebnisse der Studie, Psychische Gesundheit von Manager/innen (PsyGeMa)'. Fakultät für Angewandte Psychologie, SRH Hochschule Heidelberg

4

10 typische Stressfallen

4.1 Die Zeit-Falle

In beiden Storys zeigt sich sehr deutlich, dass Zeit ein ganz gravierender Faktor beim Entstehen von Stress ist.

So besteht gerade bei Führungsfrauen der Anspruch, sich gegenüber ihren männlichen Kollegen durch ihre fachliche Qualifikation zu positionieren (Sander und Hartmann 2009).

Das äußert sich letztendlich darin, dass sie versuchen nicht nur mehr, sondern auch besser zu arbeiten als männliche Führungskräfte.

Weibliche Führungskräfte geben an, 150 % leisten zu müssen, um die gleiche Anerkennung wie Männer zu bekommen (Sander und Hartmann 2009).

© Springer Fachmedien Wiesbaden 2017
M. von Mayen, *Der Anti-Stress-Trainer für Führungsfrauen,*
DOI 10.1007/978-3-658-12397-0_4

Erschwerend kommt hinzu, dass Führung auch heute noch oft traditionell mit Anwesenheit und der damit verbundenen Kontrollausübung verstanden wird.

Legt man diesem Phänomen die Annahme zugrunde, dass Führungsfrauen aus Gründen der Anerkennung signifikant länger arbeiten müssen, wird das zeitliche Dilemma offensichtlich.

Außerdem wird Betreuung häufig noch als Frauenthema verstanden, wodurch Kindererziehung, sowie Pflege der Angehörigen zusätzlich in das sowieso schon enge Zeitfenster gepackt werden.

So ist es nicht verwunderlich, wenn Führungsfrauen weniger Zeit für sich und ihre Bedürfnisse und auch geringere Spielräume für zeitaufwendige Freizeitgestaltung als ihre männlichen Kollegen haben (Zimber und Hentrich 2009).

Somit bündeln sich hier die wesentlichen Faktoren für chronischen Stress, wie Arbeitsüberlastung, soziale Überlastung und Erfolgsdruck.

Zeit, aus dieser Stressfalle herauszukommen.

Das geht ganz einfach und vieles kann in den Alltag integriert werden.

Der Anti-Stress-Trainer rät:

1. **Zieldefinition:** Nur wer klare Ziele hat, kann diese verfolgen und verzettelt sich nicht. Also Ziele definieren und die To-do-Liste mit klarer Priorisierung täglich abarbeiten. Versuchen Sie nicht alles gleichzeitig zu erledigen (Vorsicht: Shiva-Falle Abschn. 4.7).
2. **Effektives Zeitmanagement und Aufgabendelegation beruflich wie privat:** Optimieren Sie die Ihnen zur

Verfügung stehende Zeit. Delegieren Sie Aufgaben an ihre Mitarbeiter und beweisen damit, dass Sie Vertrauen in sie setzen. Auch privat müssen Sie nicht alles selbst erledigen, sondern können Teile Ihrer sozialen Aufgaben, wie Kindererziehung und Kümmern um andere, an Personen abgeben, die vielleicht ganz dankbar sind, gebraucht zu werden (siehe auch Rabenmutter-Falle Abschn. 4.2 und Helfer-Falle Abschn. 4.8).

3. **Schaffung von Ritualen:** Planen Sie feste Termine für Sport und Freizeitaktivitäten in Ihren Terminkalender ein. Nur wenn diese manifestiert sind, werden sie auch eingehalten und zum festen Ritual, das man kennt.

4. **Einhaltung fester Pausenzeiten:** Tragen Sie Pausenzeiten als Termine ein und versuchen Sie diese unbedingt wahrzunehmen. Denn gerade das Entfallen von Pausen schafft zusätzlichen Stress durch übermüdetes Arbeiten.

5. **Machen Sie Arbeitszeit zu Bewegungszeit:** Bewegen Sie sich in Ihrer Arbeitszeit wann immer es Ihnen möglich ist. Benutzen Sie Treppen, gehen Sie zum Kaffeeautomaten, anstatt sich welchen servieren zu lassen und besuchen Sie Kollegen statt eine Mail zu schreiben. Sie werden erstaunt sein, wie viel Bewegungs- und Kommunikationspotenzial darin steckt und Sie ganz nebenbei heraus aus der Isolations-Falle lockt.

6. **Integrieren Sie Abschaltrituale in den Alltag:** Platzieren Sie am Schreibtisch ihr Lieblingsbild, das Sie Kraft und Freude tanken lässt, hören Sie auf der Fahrt nach Hause ihre Lieblingsmusik und singen laut mit. Nutzen Sie eine bestimmte Stelle auf dem Nachhauseweg, um ganz bewusst vom Berufs- in den Privatmodus umzuschalten. Zusätzlich kann die Haustüre als Schleuse verwendet werden, mit deren Betreten Sie gleichzeitig mit dem Ausziehen der Schuhe oder des Mantels den Alltag hinter sich lassen. Sie können auch den Tag mit einer Dusche abwaschen und danach ganz in Ruhe an Ihrem Lieblingsplatz einen Tee trinken.

7. **Freuen Sie sich am Leben:** Lachen Sie wann immer es ihnen möglich ist. Beschäftigen Sie sich mit positiven Dingen, lassen Sie die Welt außen vor und genießen Sie

lieber ein schönes Buch, statt Fernsehen und Internet zu konsumieren.

Glauben Sie Ihrem Anti-Stress-Trainer: Sie werden erstaunt sein, wie viel Zeit Sie für sich gewinnen und wie Sie den typischen Stressfolgen, wie Erschöpfung und vor allem psychischen Problemen, damit ein Schnippchen schlagen können.

UND: Bleiben Sie dran. Denn nur die Regelmäßigkeit zählt und Sie sind es sich doch wert, sich gut zu behandeln.

4.2   Die Rabenmutter-Falle

Welche berufstätige Mutter kennt sie nicht: Die Rabenmutter-Falle. So versucht sie jeden Tag aufs Neue den Spagat zwischen Berufs- und Privatleben, wohl wissend, beiden sowieso nicht gerecht werden zu können.

Bei Führungsfrauen ist dieses Problem besonders prekär, da sie aufgrund ihrer höheren Arbeitsbelastung, längeren Arbeitszeiten und erhöhten Reisetätigkeiten ein sehr viel engeres Zeitfenster hat.

Michaela aus unserem Beispiel geht morgens mit einem schlechten Gewissen aus dem Haus, versucht den Tag möglichst optimal zu nutzen, damit es am Abend nicht zu spät wird und sie mit ihren Kindern und ihrem Partner noch etwas gemeinsame Zeit verbringen kann. Sehr oft geht das zulasten von Pausen und persönlichen Erholungszeiten (siehe Zeit-Falle Abschn. 4.1).

Ganz schlimm wird es, wenn nachmittägliche Besprechungen anberaumt werden. Dann sitzt Manuela wie auf Kohlen und kann sich oft nicht mehr richtig auf ihre

Arbeit konzentrieren. Der Super-GAU tritt dann ein, wenn die Kinder kurz vor Antritt einer unaufschiebbaren Geschäftsreise plötzlich erkranken. Dieses Gefühl wünsche ich keiner Mutter.

Von der viel beschworenen Work-Life-Balance, also dem Ausgleich zwischen Arbeit, die Stress verursacht und Privatleben, das zur Erholung und Entspannung dienen soll, sind Führungsfrauen oft meilenweit entfernt. Denn Stress und Belastung finden sie gerade auch im privaten Bereich durch Kindererziehung und Haushalt wieder (Kastner 2009).

Dabei müssen Kinder kein Karrierehindernis sein, sie werden speziell in Deutschland dazu gemacht. So herrscht hier, im Gegensatz zu anderen Ländern, häufig noch eine tradierte Rollenvorstellung, der zufolge Frauen möglichst 24 h am Tag für die Kinder ansprechbar sein sollen. Dies bestätigt eine aktuelle Umfrage aus dem Jahr 2013 (Bundesinstitut für Bevölkerungsforschung 2013).

Zwar gaben die befragten jungen Leute an, beide Eltern sollten berufstätig sein, jedoch sollte die Frau zumindest nachmittags zuhause sein, um die Kinder zu betreuen und bei den Hausaufgaben zu helfen. Mit diesem Denken lässt sich die Karriere einer Führungsfrau jedoch kaum vereinbaren.

In einer empirischen Untersuchung zur Work-Life-Balance (Stor 2014) besteht bei Führungsfrauen insbesondere der Wunsch nach flexiblerer Arbeitszeit, Kinderbetreuungsmaßnahmen und Angeboten im Gesundheitsmanagement (z. B. Stressbewältigungsseminare, gesunder Arbeitsplatz und körperliche Gesundheit). Diese könnten helfen, den chronischen Stress durch soziale Überlastung und sozialen Spannungen zu reduzieren.

Doch leider bedarf es zur Behebung des Rabenmutter-Images – warum spricht man eigentlich nie von Vätern? – eines generellen politischen und gesellschaftlichen Wandels, an dem auch die Frauen einen gewaltigen Anteil nehmen müssen.

Da dieser jedoch nur mittel- bzw. langfristig möglich ist, sind kurzfristig realisierbare Maßnahmen notwendig, um den Führungsfrauen den Spagat zwischen ihren Rollenanforderungen erträglicher zu machen und den sozialen krankmachenden Stress zu reduzieren.

Der Anti-Stress-Trainer rät:

1. **Schaffen Sie die perfekte Familienorganisation:** Erstellen Sie Familienpläne mit genauer Aufgabenaufteilung und klar definierten Zeiten. Wichtig ist hierbei die konsequente Umsetzung und Sanktionierung, damit es keine Spaßveranstaltung wird. Gewöhnen Sie sich an, den Plan immer an einem bestimmten Tag (z. B. Sonntag für die kommende Woche) zu besprechen, damit daraus ein festes Ritual wird. Denken Sie dabei auch an ihre persönlichen Auszeiten (siehe Zeit-Falle Abschn. 4.1).

2. **Delegation von Aufgaben und Schaffung sozialer Puffer:** Delegieren Sie, wann immer es möglich ist, Hausarbeiten. Verabschieden Sie sich vom Gedanken, alles selbst und alles besser machen zu müssen (siehe Mrs.-Perfect-Falle Abschn. 4.10). Puffern Sie Ihr soziales Umfeld. Stellen Sie die Kinderbetreuung auf mehrere Säulen (z. B. Kindergarten, Nachmittagsbetreuung, Ganztagesschule). Greifen Sie auch auf ihre Familie, Freunde oder externe Betreuung, wie z. B. Au-pair, zurück und haben für alle Fälle einen Plan B parat, damit Sie extrem stressende unerwartete Ereignisse besser abfedern können.

3. **Exklusive Kinderzeit:** Sorgen Sie für ein besonderes Zeitfenster nur für Ihre Kinder. Planen Sie die geringe gemeinsame Zeit und nutzen Sie diese sehr intensiv. Tatsächlich kommt es nicht auf die Dauer der gemeinsamen Zeit an, sondern darauf, wie darin unvergessliche Erlebnisse geschaffen werden können. So genießen Ihre Kinder sicherlich ein gemeinsames Picknick, Ausflüge oder einfach nur Zelten im Garten mehr als den tollsten exklusivsten Freizeitpark.

4. **Optimierung des organisatorischen Rahmens:** Sprechen Sie mit Ihrem Chef über die Möglichkeit, bestimmte Tätigkeiten von zu Hause aus zu erledigen. Denken Sie auch an einen oder zwei Bürotage. Gerade für Konzept- und Projektarbeit ist dies hervorragend geeignet. Wie wäre es, statt langer Besprechungen einfach Skype-Konferenzen einzuberufen? Das hätte den Vorteil größerer Strukturierung, zeitlicher Limitierung und erhöhter

Flexibilität. Ein Gewinn für alle. Warum nicht einfach mit Ihren Kollegen über Jobsharing reden? Eventuell würden einige gerne weniger arbeiten oder ältere Kollegen langsam aussteigen. Scheuen Sie sich nicht, neue Impulse zu geben und quer zu denken. Das kann zu überraschenden Ergebnissen und Lösungen führen. Was hätten Sie schon zu verlieren?

Nur wenn Sie Ihr berufliches und privates Umfeld optimieren, können Sie der Rabenmutter-Falle entkommen. Sie sind weniger gestresst und machen dadurch anderen Frauen Mut, auch als Mutter Führungsverantwortung wahrzunehmen. Damit könnte sich eine Eigendynamik entwickeln: Je mehr Frauen in Führungspositionen sind, desto höher wird der gesellschaftliche Druck für Änderungen der Rahmenbedingungen und desto eher stellt man fest, dass Raben ganz tolle Eltern sind.

4.3   Die Liebmädchen-Falle

Gute Mädchen kommen in den Himmel, böse überall hin (Ute Ehrhard).

Was haben denn erfolgreiche Führungsfrauen mit der Liebmädchen-Falle zu tun, werden Sie sich fragen und was ist das überhaupt?

Mädchen und lieb gehört in der tradierten Erziehung häufig zusammen. Wer kennt nicht die Sprüche: „Sei ein liebes Mädchen und decke den Tisch." oder „Wenn Du lieb bist und mir hilfst, bekommst Du nachher ein Eis."

So verbinden Mädchen vielfach Liebsein und Anerkennung bekommen mit Leistung erbringen und funktionieren.

Ich nenne das die Liebmädchen-Falle, die auch später noch eine entscheidende Rolle im Berufs- und Privatleben spielt.

Auch Führungsfrauen definieren häufig ihren Selbstwert am Grad der sozialen Anerkennung und Liebe, die ihnen entgegengebracht wird. Sie sind vom Lob der anderen abhängig und vollbringen wahre Meisterleistungen, um anderen zu gefallen und als lieb zu gelten.

Dabei gehen sie häufig über die eigenen Belastungsgrenzen hinaus. Denn gerade Führungsfrauen leiden signifikant mehr an einem Mangel an Anerkennung als die deutsche Durchschnittsfrau und erst recht gegenüber ihren männlichen Kollegen (vgl. Abb. 3.2).

Gerade wegen diesem Mangel an Achtung und Wertschätzung ist ihr Frustrationspotenzial besonders hoch (Kromm et al. 2009) und schafft damit eine Hauptursache für chronischen Stress.

So ist es nicht weiter verwunderlich, dass gerade Führungsfrauen in die Liebmädchen-Falle tappen, um diesem Mangel zu begegnen.

Doch mit diesem Verhalten tun sie sich keinen Gefallen. Denn wenn die Falle zugeschnappt ist, geht das sehr häufig mit zusätzlicher Arbeitsüberlastung und Erfolgsdruck einher. Damit sind die Hauptfaktoren für chronischen Stress aufgrund hoher Anforderung gegeben (Kromm et al. 2009).

Dieses Phänomen der übertriebenen Harmoniebedürftigkeit um fast jeden Preis wird von männlichen Vorgesetzten und Kollegen für die Umsetzung ihrer eigenen Machtinteressen zielsicher eingesetzt.

So wird der Kuschelfaktor verwendet, um von Führungsfrauen zusätzliche Leistungen in Anspruch zu nehmen.

Dabei wird ein emotionaler Vorteil in Aussicht gestellt, der meist materiell nicht entlohnt wird.

Peter Modler (2015) nennt das die Einladung zur Ausbeutung.

Gerade in unserer zweiten Story steckt Simone H. (siehe Abschn. 3.2) ganz tief in ihrer Liebmädchen-Falle, als der Chef fragt: „Es macht ihnen doch sicher nichts aus, für morgen den Projektzwischenstand zu präsentieren?" und sie antwortet: „Überhaupt kein Problem."

In Wirklichkeit möchte sie einfach sagen: „Geht's noch? Es macht mir total viel aus, weil ich dann wieder bis spät abends im Büro sitze und meine ganzen Feierabendtermine streichen kann. Es macht mir total viel aus, weil ich bei der Terminabstimmung als Projektleiterin einfach übergangen wurde. Es macht mir total viel aus, weil ich mich von ihnen in meiner Gutmütigkeit ausgenutzt fühle."

Stattdessen: Ein freundliches Lächeln und das Signalisieren der Bereitschaft, alles ohne Probleme zu erledigen.

Bei ihrem Vorgesetzten kommt das so nicht als Zusatzbelastung, sondern als Normalität an, die er deshalb auch nicht entsprechend honorieren wird. Im Gegenteil! Er meint, alles richtig gemacht zu haben und wird es bei nächster Gelegenheit wiederholen.

Also nichts wie raus aus der Liebmädchen-Falle, die NICHT zu der ersehnten Anerkennung und Wertschätzung, sondern zu einer Erhöhung des Stresses durch Arbeitsüberlastung, Erfolgsdruck und mangelnder eigener Bedürfnisbefriedigung führt.

Der Anti-Stress-Trainer rät:

1. **Unbequem werden:** Lernen Sie, NEIN zu sagen. Also lieber kurz durchatmen und wenn dann Ihr Gefühl „nein" sagt, das auch höflich und bestimmt so formulieren. Wenn Ihnen das anfangs schwerfällt, probieren Sie es im täglichen Leben an der Fleischtheke („darf's ein bisschen mehr sein?") oder im Restaurant („hat es geschmeckt?") aus und setzen es später im beruflichen Bereich um. Dann bekommen Sie nach anfänglichen Momenten der Überraschung auch endlich die Wertschätzung und Anerkennung, nach der Sie sich so dringend sehnen.

2. **Raus aus der Manipulationsfalle:** Seien Sie besonders vorsichtig bei Formulierungen wie: „Es macht Ihnen doch sicher nichts aus? Es ist Ihnen doch bestimmt recht, dass...". Hier droht Manipulationsgefahr zu Ihren Ungunsten. Achten Sie insbesondere bei Ihren männlichen Vorgesetzten und Kollegen auf den Appell an Ihre Harmonie. Denn sie wollen sie zu ihrem Vorteil benutzen.

3. **Klare Artikulation der eigenen Bedürfnisse:** Nur wer klar seine Bedürfnisse artikuliert, wird verstanden. Das trifft insbesondere auch auf die Kommunikation zwischen Mann und Frau zu. Wie soll Ihr Vorgesetzter Ihre Ablehnung verstehen, wenn Sie nach außen sagen: „Überhaupt kein Problem." Dass Sie in Wirklichkeit meinen: „Das ist ja total die Höhe, ich habe heute Abend Termine, was denkt er sich eigentlich?", kommt nicht an. Stattdessen lieber klar und bestimmt sagen: „Das geht nicht, ich habe heute Abend Termine. Wenn wir die Termine gemeinsam abstimmen, ist eine Vorbereitung selbstverständlich möglich." Jetzt wissen beide, woran sie sind. Beobachten Sie sich bei ihren Aussagen und streichen Worte, wie „eigentlich", „aber", „könnte" und „sollte".

4. **Externe Hilfe:** Scheuen Sie sich nicht, externe Hilfe zu holen. So kann Ihnen ein Kommunikationstraining, ein spezielles Führungsfrauen-Coaching oder Glaubenssatzarbeit durch Coaching große Hilfe bieten.

Wenn Sie diese Punkte berücksichtigen, werden Sie endlich die Anerkennung, Wertschätzung und Achtung bekommen, die Ihnen bisher oft verwehrt wird.

Nicht die Liebmädchen-Falle macht erfolgreich, sondern klare und damit häufig auch unbequeme Positionierung. Gleichzeitig bekommen Sie mehr Zeit für sich und Ihre Bedürfnisse, die für den Abbau von chronischem Stress so elementar sind.

4.4   Die Zicken-Falle

Hat man es als Führungsfrau endlich nach oben geschafft, wähnt man sich der Unterstützung der weiblichen Geschlechtsgenossinnen sicher.

Doch leider oft weit gefehlt. Wagt man sich an dieses Tabuthema heran, stellt man fest, dass es mit der viel beschworenen weiblichen Solidarität nicht besonders weit her ist.

So sind gerade Frauen häufig die schärfsten Kritiker von Chefinnen. Das hat die Soziologin Sonja Bischoff (2010) in ihrer Langzeitstudie über männliche und weibliche Führungskräfte festgestellt. Pikanterweise werden den Chefinnen gerade die als typisch weiblich geltenden Verhaltensweisen, wie hohe Emotionalität, Unberechenbarkeit und mangelnde Professionalität vorgeworfen. Bemerkenswert ist in diesem Zusammenhang auch, dass es sich bei den Befragten um weibliche Führungskräfte handelt, die ihre Chefinnen beurteilen. Dabei sollten sie es doch gerade besser wissen.

Besonders schwierig erweist sich die Situation einer Führungsfrau, wenn sie aus einer bestehenden kollegialen Struktur aufsteigt. Jetzt gilt es den Spagat zwischen teamorientierter Kollegin hin zu einer führungsstarken Chefin zu schaffen. Wieder ein Balanceakt, bei dem kaum etwas richtig gemacht werden kann: Ist die Chefin zu weiblich, wird sie von ihren Geschlechtsgenossinnen kritisiert. Ist sie zu männlich, konnte sie ja nur Karriere machen – was sonst?

Also dürfen wir Frauen uns bei der viel beschworenen Gleichberechtigung auch gerne einmal an die eigene Nase fassen.

Während 84 % der Männer bei Vorgesetzten keinen Unterschied der Geschlechter machen, sind es bei den Frauen gerade mal 60 %. Außerdem arbeiten ca. 25 % der weiblichen Führungskräfte mit weiblichen Chefs schlechter (Bischoff 2010) zusammen.

Auch der vermeintliche Vorteil, dass Personalabteilungen überproportional mit Frauen besetzt sind, erweist sich als gewaltiger Nachteil. So haben Studien bestätigt, dass Bewerberinnen mit einem attraktiven Aussehen bei gleicher Qualifikation weit weniger Chancen haben und kaum zu Vorstellungsgesprächen eingeladen werden (Meuselbach 2015).

Dies birgt für die ohnehin schon belasteten Führungsfrauen ein häufig unterschätztes Stresspotenzial.

Gerade soziale Spannungen, aber auch die mangelnde Anerkennung durch ihre Geschlechtsgenossinnen werden von Führungsfrauen als gravierende Faktoren von chronischem Stress genannt (Kromm et al. 2009).

Hinzu kommt häufig die fehlende Unterstützung in der Tagesarbeit. Warum sollte man einer ehemaligen Kollegin Kaffee bringen, Dokumente kopieren, zuarbeiten? Bei Männern wird das eher selten infrage gestellt.

Was können wir tun, um die Zicken-Falle zu umgehen und als Führungsfrau Respekt, Achtung und Anerkennung zu bekommen?

Der Anti-Stress-Trainer rät:

1. **Souveränität gegenüber Zickenspielen:** Lassen Sie sich nicht in Zickenspiele verwickeln. Gehen Sie auf professionelle Distanz und verhalten Sie sich neutral.

2. **Solidarität und Loyalität gegenüber anderen Chefinnen:** Zeigen Sie sich solidarisch mit anderen Führungsfrauen und versuchen Sie gemeinsam, Ihre Interessen
   durchzusetzen. Machen Sie sich die besondere Stärke
   von männlichen Führungskräften zu eigen, indem Sie
   mit ihresgleichen auch mehrfache informelle Kontakte
   außerhalb der Firma pflegen.
3. **Mit Netz und doppeltem Boden:** Vernetzen Sie sich mit
   anderen Führungsfrauen, um Erfahrungen auszutau-
   schen, Tipps zu bekommen und Probleme zu lösen. Und
   denken Sie quer: Vernetzen Sie sich auch mit männlichen Führungskräften, denn die haben auf dem Weg
   nach oben immer noch das Sagen.
4. **Klärung der Rangordnung:** Weisen Sie klar und deutlich
   auf Ihren Rang hin (wichtig beim Aufstieg innerhalb von
   Kolleginnen) und machen Sie die damit verbundene Auf-
   gabenverteilung klar. Sie sind Chefin – nicht Kollegin!
5. **Neutralität bei Personalentscheidungen:** Weisen Sie auf
   das Problem der Ungleichheit bei Einstellungsverfahren
   hin und drängen Sie auf deren Anonymisierung. Prü-
   fen Sie sich bei Einstellungen, inwieweit Sie sich von der
   Zicken-Falle leiten lassen.

Statt die Zicken-Falle zu ignorieren, ist es besser, sie zu kennen und daraus zu lernen. Sie wirksam zu umgehen, hilft
Ihnen, Ihre Energie nicht mit täglichem Kleinkrieg zu ver-
schwenden, sondern als respektierte und wertgeschätzte
Chefin soziale Anerkennung zu erhalten und weniger sozialen Spannungen ausgesetzt zu sein. Außerdem führt die
klare Rangordnung dazu, Ihren Leistungsdruck und Aufga-
benvielfalt zu reduzieren und damit wesentliche Faktoren
für den chronischen Stress zu mindern (vgl. Abb. 3.1).

4.5   Die Isolations-Falle

Eng einher mit der Zicken-Falle (siehe Abschn. 4.4)
geht die Isolations-Falle. Diese ist besonders tückisch,
da soziale Isolation als einer der wesentlichen Faktoren

der Entstehung von chronischem Stress genannt wird (Kromm et al. 2009). Doch wie kommt es dazu?

Während bei Männern offener Wettbewerb und Kampf um die Rangfolge Gewohnheit ist, wachsen Frauen eher in einer tradierten harmoniebezogenen Gemeinschaft auf (Erpenbeck 2004).

Solange sich alle auf einer Hierarchieebene befinden, gibt es normalerweise wenige Probleme. Das Rollenverständnis wird jedoch empfindlich gestört, wenn sich eine von ihnen hervortut. Gerade Führungsfrauen haben es gegenüber ihren Ex-Kolleginnen schwerer, Akzeptanz und Anerkennung zu bekommen.

Das Verlassen der Gruppe wird – anders als bei Männern – nicht offen, sondern häufig durch Schweigen, Ignoranz und Missachtung ausgetragen. Es kommt zu einer sogenannten Ex-Kommunikation der Chefin, welcher das wichtigste, nämlich die persönliche Vertrautheit verwehrt wird (Modler 2015).

Das kann bei auf Harmonie erzogenen Führungsfrauen schlimmstenfalls dazu führen, dass sie bereit sind auf ihre Führungsposition zu verzichten und wieder zurück in die Gruppe gehen. Das wird auch als „Drehtüreneffekt" bezeichnet. Damit ist eine Veränderung gemeint, die nach kurzer Zeit in den Ursprungszustand zurückkehrt und damit nutzlos ist (vgl. Wikipedia 2016 Seite „Drehtür-Effekt").

Oder sie nivellieren ihre Position als Führungsfrau und benehmen sich als Gleiche unter Kolleginnen. Sie machen sich klein, indem sie sich extrem anpassen und sich hüten, ihren Rang zu demonstrieren. Modler (2015) bezeichnet diese Verhaltensweise auch als „Levelling".

Doch nicht nur unter ihren Geschlechtsgenossen erfährt die Führungsfrau soziale Isolation, sondern auch bei ihren männlichen Kollegen ist sie erst einmal Außenseiter und muss sich ihren Platz in der Gruppe erobern.

Was können Führungsfrauen tun, um aus der gefährlichen sozialen Isolation und damit einem der Hauptfaktoren für chronischen Stress durch einen Mangel an Bedürfnisbefriedigung zu entkommen (vgl. Abb. 3.2)?

Der Anti-Stress-Trainer rät:

1. **Unterstreichung der Hierarchie:** Machen Sie klar, wer Chefin und wer Kollegin ist und leben Sie das ganz konsequent. Kein Einschmeicheln als führende Kollegin oder kollegiale Chefin, sondern Agieren als führungsstarke Chefin, die einem Kollegium vorsteht.
2. **Einsatz der männlichen Rangordnungsrituale:** Machen Sie sich das sowohl gegenüber ihren Mitarbeitern, als auch unter Führungskräften und Vorgesetzten zunutze. Sie sind nicht Frau G, sondern die Abteilungsleiterin, Projektleiterin G. und haben auch das Recht in dieser Rolle wahrgenommen und behandelt zu werden (Achtung: Liebmädchen-Falle Abschn. 4.3).
3. **Männliche Unterstützung an Bord:** Holen Sie sich männliche Unterstützung ins Boot. Suchen Sie männliche Mentoren, die Sie fördern und voranbringen. Denn nur sie wissen, wie männliche Strukturen funktionieren und können Ihnen den Zugang zu männlichen Netzwerken und informellen Gruppen verschaffen.
4. **Raus aus der Isolation/rein in die Gruppe:** Schaffen Sie sich anderweitig ihre Gruppenzugehörigkeit. Treten Sie weiblichen bzw. männlichen Netzwerken bei. Treffen Sie sich regelmäßig in Sportgruppen (Joggen, Yoga, Tanzen etc.) oder mit kulturell Gleichgesinnten bzw. mit Freunden, damit Sie Ihr fehlendes Gruppengefühl kompensieren.

Um aus der Isolations-Falle herauszukommen, hilft ganz eindeutig nicht weniger Chefin sein und sich klein machen, sondern mehr und das auch zeigen. Der Einsatz männlicher Rangordnungsrituale, verschafft Ihnen Respekt und damit Anerkennung und bringt Ihre männlichen Kollegen und Vorgesetzten an Ihre Seite, die Sie dann durch informelle Prozesse und Mentoring unterstützen können. Scheuen Sie sich nicht, mit weiblichem Charme die männliche Karte zu spielen und damit den chronischen Stress durch soziale Isolation zu umgehen.

4.6   Die Bypass-Falle

Mag diese Bezeichnung auch dramatisch klingen, so kann sich diese sogenannte Bypass-Falle tatsächlich sehr massiv auf die Lebensqualität von Führungsfrauen auswirken.

Ein Bypass wird medizinisch als Überbrückung oder Umgehung eines Passagehindernisses bezeichnet (vgl. Wikipedia 2016 Seite „Bypass").

Genau dieses Phänomen findet man häufig im Leben von Führungsfrauen, die ihren Rang nicht deutlich geklärt haben und ihre Führungskompetenz nur ungenügend wahrnehmen.

Sie werden einfach umgangen, ignoriert und an Informations- und Kommunikationsprozessen nicht ihrer Stellung entsprechend beteiligt.

Eine typische Bypass-Situation findet in unserer Story 2 (siehe Abschn. 3.2) statt. Dort wird Simone H. von ihrem Chef einfach vor vollendete Tatsachen gestellt und nicht an der Terminabstimmung der Projektsitzung beteiligt, obwohl sie die Projektleiterin ist.

So wird manche Führungsfrau unter männlichen Führungskräften oft unsichtbar oder einflusslos. Sie wird in Sitzungen ignoriert oder findet kein Gehör mit dem was sie sagt und findet sich bei Meetings oder Sitzungen am Rande wieder (siehe Isolations-Falle Abschn. 4.5).

Ihr Versuch, das durch harte Arbeit zu kompensieren, bringt ihr häufig weder Lob noch Anerkennung ein (Edding und Clausen 2014). Im Gegenteil; sie erhöht noch weiter ihre Arbeitsbelastung und Leistungsdruck und damit ihren chronischen Stress.

Diese Tatsache ist kaum zu ertragen, insbesondere wenn man sieht, dass das Fehlen von Wertschätzung und Achtung den mit Abstand höchsten Stress bei Führungsfrauen erzeugt (vgl. Abb. 3.2).

Verschärft wird das Ganze noch, wenn Führungsfrauen in sogenannten „isolated high strain jobs" arbeiten. So werden Jobs bezeichnet, die mit hoher Arbeitsanforderung, wenig Kontrollmöglichkeiten und kaum sozialer Unterstützung einhergehen (Kromm et al. 2009).

Gerade Führungsfrauen haben in diesen Jobs gegenüber ihren männlichen Kollegen wesentlich intensivere gesundheitliche Probleme und deutlich schlechtere Schlafqualität (Kromm et al. 2009).

Umso dringlicher ist die Frage, wie Führungsfrauen besser wahrgenommen werden, damit mehr Lob, Wertschätzung und Anerkennung bekommen und der Bypass-Falle entgehen können.

Der Anti-Stress-Trainer rät:

1. **Erhöhung der Sichtbarkeit:** Zeigen Sie wer Sie sind und betonen Sie Ihren Rang. Erwarten Sie nicht, dass andere das sowieso wissen. Das kann bei der Vorstellung so aussehen: „Ich bin die Chefin im Einkauf"; bei Sitzungen: „Als Projektleiterin...". Scheuen Sie sich auch nicht davor, Kompetenzen und schwierige Aufgaben wahrzunehmen, sowie in Sitzungen die Leitung zu übernehmen. Machen Sie durch Vorträge und Präsentationen auf sich aufmerksam. Verlassen Sie bewusst Ihren Schmusestil, mit dem Sie alle – egal welchen Rang – einbeziehen wollen.

2. **Ich-Botschaften:** Hören Sie auf bei Erfolgen von team-orientierten Wir-Botschaften zu sprechen, sondern verkaufen Sie die Leistung, die Sie erbracht haben auch als die ihre. Das könnte z. B. so aussehen: „Ich habe in meiner Abteilung eine Umsatzsteigerung von 20 % zu verzeichnen. Ich konnte die Firma XYZ als wichtigen Kunden gewinnen." Das sollte Sie natürlich nicht davon abhalten, Leistungen Ihres Teams zu würdigen und diesem Lob und Anerkennung zu geben.

3. **Sensibilisierung Ihres Vorgesetzten:** Machen Sie Ihrem Vorgesetzten klar, wie wichtig Lob, Anerkennung und Wertschätzung für den Erfolg Ihrer Arbeit ist. Gerade die Ergebnisse der Shape-Studie (Kromm und Frank 2009) und die Schaubilder aus diesem Buch sind hierfür hervorragend geeignet. Wenn weniger Stress und bessere Leistungen für ein paar wertschätzende Worte kein Argument sind! Leben Sie den wertschätzenden Umgang auch mit Ihren Mitarbeitern vor und loben und ermutigen Sie sie für ihre Leistung.

4. **Externes Lob und Anerkennung:** Holen Sie sich Motivation von außen. Machen Sie in Ihrer Freizeit Dinge, die Ihnen Spaß machen. Holen Sie sich Erfolgserlebnisse durch neue Herausforderungen. Leben Sie Ihre Kreativität. Steigern Sie ihre Glücksgefühle durch Sport und gönnen sich ab und zu etwas Besonderes.

5. **Externe Hilfe:** Gönnen Sie sich ein spezielles Coaching für Führungsfrauen, bei dem Sie lernen, in der Männerwelt mit Weiblichkeit zu bestehen. Die Bypass-Falle zeigt einmal mehr ganz deutlich, wie wichtig es ist, auf sich aufmerksam zu machen. Stress mindernde Anerkennung der Leistung wird nicht dadurch erreicht, dass Sie in Ihrem Büro sitzen, stets freundlich und bescheiden sind, bei Sitzungen, Meetings und Diskussionen anderen höflich den Vortritt lassen, sondern nur durch Sichtbarwerden, Sichtbarwerden, Sichtbarwerden!

Das gilt es zu lernen, sich jeden Tag aufs Neue bewusst zu machen und umzusetzen.

4.7   Die Shiva-Falle

Wer kennt sie nicht, die 4-armige Shiva? Und manche Führungsfrau würde sich wünschen, sie hätte 4 Arme, um allen Anforderungen genügen zu können.

Michaela W., die zu Hause einen Blick auf die Hausaufgaben wirft, während sie den Tisch aufräumt, mit ihrer Mutter telefoniert und dabei noch mit dem Fuß die umherliegenden Schuhe beseitigt.

Oder Simone H., die während des Mitarbeitergesprächs ihre Unterlagen bearbeitet, nebenher den Terminkalender checkt und eingehende Mails im Blickwinkel hat.

Sie alle sind gefangen in der Shiva- oder Multitasking-Falle. Doch woher rührt diese Shiva-Falle? Zum einen ist sie sicherlich darin begründet, dass zu wenig Zeit für den Arbeitsumfang vorhanden ist. Zum anderen in der Arbeitsintensität, also die Arbeit, die pro Zeiteinheit zu leisten ist.

Diese stellt mit Abstand den größten Belastungsfaktor für Führungskräfte dar. Unter intensiven Arbeiten verstehen Führungskräfte neben hohem Arbeitstempo und einem ausgeprägten Zeitdruck die Notwendigkeit, zu viele Dinge auf einmal erledigen zu müssen (Zimber und Hentrich 2009).

Bedenkt man, dass Führungsfrauen aus Gründen der besseren Anerkennung oft 150 % leisten müssen und zusätzliche Rollenbelastungen haben, kann man sich vorstellen, wie gerade bei ihnen die Shiva-Falle zuschlägt.

Vieles gleichzeitig zu erledigen heißt aber auch, ständig unterbrochen zu werden. So werden Führungskräfte im Schnitt alle acht Minuten in ihrer Arbeit unterbrochen und können sich dadurch nur sehr schlecht intensiv mit schwierigen Aufgaben beschäftigen (Rosenstiel et al. 2014).

Insbesondere Führungsfrauen sind häufig ständig ansprechbar, die Tür zum Büro ist oft auch dann offen, wenn schwierige Aufgaben zu bewältigen sind und zuhause ist für Kinder ständig Zeit. Phasen für konzentriertes Arbeiten und Ruhe fehlen fast vollständig.

Doch auch, wenn man das Gefühl hat, durch Multitasking viel auf einmal erledigen zu können, so hat man nur 100 % Aufmerksamkeit zur Verfügung. Je mehr Tätigkeiten Sie gleichzeitig mit Ihren Shiva-Armen erledigen, desto weniger Aufmerksamkeit kann den einzelnen Aufgaben gewidmet werden. Was zur Folge hat, dass nichts wirklich richtig gemacht wird.

Statt durch Multitasking den Stress zu reduzieren, schaffen Sie sich noch mehr Stress und Unruhe, weil Sie vieles gleichzeitig im Kopf haben.

Erkennen Sie, dass Multitasking eine vollkommene Illusion zur Stressbewältigung ist und für Führungsfrauen die Shiva-Falle einen gefährlichen Nebeneffekt hat. Denn gerade sie können sich Fehler als Folge der verminderten Aufmerksamkeit nicht leisten (siehe Abschn. 4.10 Mrs. Perfect-Falle).

> Der Anti-Stress-Trainer rät:
>
> 1. **Serielle Abarbeitung und Abwechslung:** Gute Planung ist alles. Gewöhnen Sie sich an, Ihre Tagesplanung, Ihre To-do-Liste so aufzubauen, dass Sie einzelne Aufgaben nacheinander erledigen können. Denken Sie auch an

einen Wechsel zwischen anspruchsvollen und reinen Routinetätigkeiten, wie z. B. Ablage, Kopieren, Termine vereinbaren.

2. **Machen Sie Tätigkeitspakete:** Arbeiten Sie in einem Zeitfenster z. B. nur Ihre Mails ab und konzentrieren Sie sich danach wieder auf andere Aufgaben, ohne Ihren Posteingang im Auge zu haben.

3. **Zeitfenster ungestörtes Arbeiten:** Planen Sie in ihren täglichen Ablauf Zeiten für ungestörtes Arbeiten ein. Gewöhnen Sie sich dabei an wiederkehrende Rituale und machen das anderen bekannt. Z. B. täglich von 11–12 Uhr keine Störung. Legen Sie Wert auf Telefonumleitung, eventuell ein Hinweisschild an der Tür und schalten Sie Ihre Zeitkiller, wie Handy, bewusst aus.

4. **Ruhezeiten/Pausenzeiten:** Halten Sie Pausenzeiten unbedingt ein. Dann gewöhnt sich Ihr Umfeld daran, dass Sie nicht immer und überall präsent sind. Gönnen Sie sich Ruhezeiten auch im privaten Umfeld und pochen auf deren Einhaltung (selbst wenn es nur 10 min täglich sind). Machen Sie lieber öfter Pausen, das erhält frischer, als zu lange am Stück zu arbeiten und danach eine lange Pause zu machen.

5. **Großer Tätigkeitsspielraum:** Achten Sie darauf, dass Sie genügend Spielraum haben, Ihre Tätigkeit so frei wie möglich zu gestalten. Suchen Sie eventuell ein Gespräch mit Ihrem Vorgesetzten und Kollegen und sensibilisieren Sie diese dafür, dass hohe Arbeitsintensität zusammen mit geringem Tätigkeitsspielraum die Stressfolgen, wie Herz-Kreislauf-Erkrankungen und Burn-out, wesentlich erhöhen (Zimber und Hentrich 2009).

6. **Maßnahmen zur Gesundheitsförderung:** Fragen Sie in der Firma für sich und ihre Mitarbeiter gezielt nach Maßnahmen, die die Folgen des Stresses durch hohe Arbeitsintensität mindern. Dies können z. B. ein Anti-Stress-Training am Arbeitsplatz, der Besuch von Seminaren zum Thema „Gesund führen", Entspannungskurse und Work-Life-Balance-Maßnahmen sein. Denken Sie auch daran, mit gutem Beispiel voran zu gehen.

7. **Kopf frei durch Entspannung:** Wenn Sie aufgrund der hohen Arbeitsintensität nicht abschalten können, die Arbeit häufig nach Hause mitnehmen und diese Sie auch im Bett beschäftigt, helfen gezielte Abschalt-Rituale (siehe Zeit-Falle Abschn. 4.1) sowie Verzicht auf Medien, wie Handy und Fernsehen, am Abend bzw. Wochenende. Machen Sie stattdessen gezieltes Entspannungstraining, wie z. B. Meditation, Yoga, Progressive Muskelentspannung, Atmen. Mit einiger Übung können Sie dies auch ganz individuell zu Hause durchführen. Gezielte Entspannung ist aber auch im Büro ganz zwischendurch möglich, z. B. durch Business Yoga, Tagträumen, Atemübungen, Vorstellung Ihres Wohlfühlorts mit geschlossenen Augen, Betrachtung Ihres Lieblingsbilds.

Raus aus der Shiva-Falle heißt eindeutig: Weniger ist mehr. Weniger gleichzeitig erledigen, weniger Störungen, weniger Stress. Mehr an Arbeitsqualität, mehr Arbeitszufriedenheit, mehr Wohlbefinden und Gesundheit. Und Entspannung ist fast immer und überall möglich, wenn man sich dessen bewusst ist. Achten Sie darauf ganz gezielt jeden Tag. Fangen Sie am besten gleich damit an.

4.8   Die Helfer-Falle

Die Helfer-Falle lauert bei Führungsfrauen überall.

Sie sind in weit höherem Maße von Lob und Anerkennung anderer für ihr persönliches Wohlbefinden angewiesen (siehe Liebmädchen-Falle Abschn. 4.3). Gleichzeitig haben sie häufig Angst, durch ihre Rolle als Führungsfrau aus dem Team ausgestoßen und isoliert zu werden (siehe Isolations-Falle Abschn. 4.5).

Das führt dazu, dass gerade Führungsfrauen ihren Mitarbeitern und Kollegen bei beruflichen, aber auch bei privaten Problemen gerne helfen wollen und allzeit ein offenes Ohr für sie haben. Und das, obwohl sie unter hoher Arbeitsbelastung durch intensive Arbeit leiden.

So werden für die Probleme anderer häufig die eigenen Ruhe- und Konzentrationsphasen versäumt und stattdessen kommen zu den vielfältigen Aufgaben noch weitere Belastungen durch die Probleme der armen Kollegin, Mitarbeiterin, Nachbarin, Freundin und Familienmitglieder hinzu.

Das zeigt sich auch in unserer Story 2 bei Simone H. (siehe Abschn. 3.2), die trotz Arbeitsüberlastung ein offenes Ohr für die Probleme ihrer Sekretärin hat. Sie ist der

Meinung, es wäre die Aufgabe einer guten Chefin immer für ihre Mitarbeiter da zu sein. Doch mit wem kann sie sich austauschen, ohne die Grenze zwischen Freundin und Chefin zu verwischen oder bei ihren Kollegen auf Unverständnis zu stoßen? Dies bleibt wieder ein schwieriger Balanceakt.

Da Betreuung auch heute meist noch ein weibliches Phänomen ist, fällt diese außerhalb der Kernfamilie, wie Eltern und Schwiegereltern, häufig in den Aufgabenbereich von Führungsfrauen. Auch wenn es um das Wohl der eigenen Kinder geht, sind Führungsfrauen gerade im Hinblick auf die Rabenmutter-Falle erpressbar.

So auch bei Michaela H. (siehe Abschn. 3.1), die am Feierabend zu Hause stets noch ein offenes Ohr für die Belange ihrer Kinder hat und ihnen bei Problemen wie Hausaufgaben jederzeit hilft. Zusätzlich fühlt sie sich für die Haushaltsführung verantwortlich und erledigt selbstverständlich viele der dort anfallenden Arbeiten nach Feierabend.

Gerade bei beruflichen Wiedereinsteigerinnen zeigt sich das tradierte Rollendilemma in ganzem Umfang. Zwar werden 80 % von ihrem Partner bei ihrem Wunsch nach Rückkehr in die Arbeit unterstützt. Die praktische Umsetzung beschränkt sich jedoch auf die Übernahme einzelner Haushaltstätigkeiten, während die Frau weiterhin in der Haushaltsverantwortung bleibt (Holst et al. 2015). Wippermann et al. (2009) nennt dies auch die selektive Entlastung der Frau. Diese kann auch hier weiterhin ihr Helfersyndrom voll ausleben.

Ein gefährliches Unterfangen! Denn, wenn wir sehen, dass chronischer Stress bei Führungsfrauen vor allem durch soziale Überlastung entsteht (vgl. Abb. 3.1), erscheint ein

Ausstieg aus der Helfer-Falle dringend geboten, um schlimmere gesundheitliche Folgen mit möglichem Totalausfall zu verhindern.

Der Anti-Stress-Trainer rät:

1. **Abgrenzung:** Lernen Sie, sich von den Problemen anderer abzugrenzen. Fragen Sie sich, inwieweit Sie dieses Anliegen zu Ihrem machen wollen. Wenn es gar nicht passt, lernen Sie freundlich und bestimmt NEIN zu sagen. Wenn Sie helfen wollen, drängen Sie auf die Einhaltung eines passenden Zeitfensters (in der Pause, nach Feierabend) und eines Zeitlimits (max. 30 min).
2. **Pflegen Sie Ihre Unaufmerksamkeit:** Das mag zunächst mal völlig schräg klingen, hilft jedoch sensationell. Sie müssen nicht immer überall bereit sein, auch wenn Ihnen die gute Erziehung verbietet, unaufmerksam und uninteressiert zu sein. Lassen Sie Abschweifen und innerliche Abwesenheit zu und verschaffen Sie sich damit die nötigen Ruhepausen. So ist es bei langwierigen Besprechungen oft gar nicht nötig, die ganze Zeit präsent zu sein. Wirkungsvoller sind ein bemerkenswerter Start und ein starker Abgang.
3. **Seien Sie sich selbst genug:** Versuchen Sie, sich so weit wie möglich von der Anerkennung anderer unabhängig zu machen. Stärken Sie Ihr Selbstbewusstsein durch außerbetriebliche Erfolge bei der Ausübung von Hobbys oder der Gesellschaft von Gleichgesinnten. Machen Sie sich klar, dass Sie gerade als Führungsfrau ständig einen Balanceakt vollführen müssen und es deshalb sowieso nicht allen recht machen können.
4. **Andere in die Mitverantwortung nehmen:** Geben Sie Ihre Mitverantwortung für die Haushaltsführung, Kinderbetreuung, für die erweiterte Kernfamilie ab. Laden Sie andere ausdrücklich zur Mithilfe ein, machen Sie gemeinsam Zeitpläne und bestehen Sie auf deren Einhaltung.

5. **Externe Hilfe holen:** Delegieren Sie Betreuung und Haushaltsführung im Zweifel auch an externe Personen. Wer hilft Ihnen bei Ihren Problemen? Scheuen Sie sich nicht, mit Personen Ihres Vertrauens Probleme zu besprechen. Reden befreit und durch den Austausch mit anderen können sich ungeahnte Lösungsmöglichkeiten ergeben. Gönnen Sie sich einen Coach, der Ihnen bei der Überwindung Ihres Helfersyndroms zur Seite steht.

Raus aus der Helfer-Falle heißt, andere Wege gehen und ein gesundes Ego pflegen. Lernen Sie Abgrenzung, Unaufmerksamkeit und Delegation für Ihr Wohlergehen einzusetzen.

Ihr Umfeld wird Sie für Ihre klare Haltung bewundern und Ihnen mehr Anerkennung geben. Also, weniger Aufmerksamkeit und Hilfe führt zu mehr Wertschätzung und hilft Ihrer Gesundheit. So crazy, so einfach!

4.9 Die Laufsteg-Falle

Was ist das Besondere am Laufsteg? Genau, man befindet sich im Rampenlicht und wird von allen Seiten gesehen. Jeder noch so kleine Fehler wird erkannt und bewertet. Jede Gestik, Mimik, Aussage, Kleidung, also das gesamte Auftreten, unterliegt einer gesteigerten Beobachtung.

Dies trifft in besonderem Maße auch auf Führungsfrauen mit Minderheitenstatus (weniger als 15–20 % in der jeweiligen Hierarchiestufe) zu (Sander und Hartmann 2009). Sie werden als Exotinnen und Alibifrauen bezeichnet und unterliegen einer erhöhten Aufmerksamkeit. Bedenkt man, dass gerade im Top-Management die Quote der Frauen signifikant geringer ist, kann man sich den Belastungsdruck durch diese erhöhte Wahrnehmung vorstellen.

So sprechen die Wissenschaftlerinnen Sander und Hartmann (2009) auch von dem „Token Women Phänomen". Sie meinen damit eine Frau, die in einer Männerdomäne quasi als Aushängeschild bestehen muss. Diese Frauen werden meist als Vertreterinnen der stereotypen Führungsfrau und weniger als Individuum wahrgenommen. Sie stehen in erster Linie als Frau und weniger mit ihren fachlichen Leistungen im Fokus.

Sollen ihre fachlichen Leistungen wahrgenommen werden, müssen sie sich gegenüber den männlichen Kollegen besonders profilieren.

Von Führungsfrauen wird also einerseits die Betonung der Weiblichkeit aufgrund ihrer Stereotypisierung als Frau (Differenz), gleichzeitig aber auch eine hohe Anpassungsleistung an die männerbetonte Welt (Gleichheit) erwartet (Sander und Hartmann 2009). Dieser Spagat kann kaum gelingen und trägt ganz maßgeblich zu chronischem Stress aufgrund sozialer Überlastungen bei.

Gleichzeitig birgt die Rolle im Scheinwerferlicht auch die Gefahr, unter dem starken Erfolgsdruck die Aufgaben fehlerfrei und mit hoher Kompetenz wahrnehmen zu müssen. Was zu einem wesentlich höheren Stresspotenzial als bei Männern führt.

Hinzu kommt, dass Erfolg bei Frauen eher Glück bzw. dem Zufall zugeschrieben wird, während bei Männern die hohe Fachkompetenz angenommen wird. Dies gilt umgekehrt auch für die Fehlertoleranz bei Männern, die eben Pech hatten, während es Frauen schlichtweg an der fachlichen Kompetenz und Professionalität fehlt.

Durch diesen ständigen Wettbewerb, die erhöhte Beobachtung und die soziale Geringerschätzung ist chronischer
Stress durch Leistungsdruck, Überforderung, Arbeitsunzufriedenheit und soziale Spannungen vorprogrammiert.

Deshalb ist es von enormer Wichtigkeit, dieser Falle
wirksam und schnell zu entkommen.

Der Anti-Stress-Trainer rät:

1. **Mehr Frauen in Führungspositionen:** Je mehr Frauen
   in Führungspositionen kommen, desto weniger kommt
   der Laufsteg-Effekt zum Tragen. Unterstützen Sie also
   Ihre Kolleginnen und Mitarbeiterinnen beim Aufstieg
   und setzen Sie sich auch bei ihren Vorgesetzten für
   mehr weibliche Führungskräfte ein. Geben Sie Ihren
   Mitarbeiterinnen eine Chance, sich zu profilieren,
   indem Sie sie mit wichtigen Aufgaben und Projekten
   betrauen. Lassen Sie sie Leitungs- und Präsentations-
   aufgaben wahrnehmen und unterstützen Sie sie mit
   Weiterbildungsmaßnahmen.
2. **Mentoring durch männliche Führungskräfte:** Auch hier
   kann der Türöffner zu den männerdominierten Berei-
   chen nur eine männliche Führungskraft sein. Stichwort
   „homosoziale Reproduktion": Männliche Führungskräfte lassen vorzugsweise das eigene Geschlecht nach
   oben. Initiieren Sie in Ihrem Unternehmen Mentoring
   bzw. Förderprogramme für Nachwuchs-Führungsfrauen.
   Stellen Sie eine frauenfreundliche Personalpolitik, z. B.
   durch anonymisierte Verfahren und Aufklärung Ihrer
   Vorgesetzten sicher.
3. **Sichtbarkeit der Fachkompetenz:** Damit fachliche Kompetenz von Führungsfrauen besser wahrgenommen
   werden kann, nutzen Sie Ihre Stellung im Rampenlicht
   ganz gezielt für die eigene PR aus. Halten Sie Vorträge,
   treten Sie bei Symposien, Messen und Fachveranstal-
   tungen auf. Denken Sie auch an Möglichkeiten der

Publikation in Fachzeitschriften oder in sozialen Netzwerken, wie z. B. XING.

4. **Externe Hilfe:** Lernen Sie, sich mit Hilfe von Profis optimal im Rampenlicht zu bewegen. Dafür gibt es spezielle Präsenz-Coachs, die Ihnen helfen, wirkungsvoll Ihren Auftritt zu inszenieren.

Wenn Sie lernen, den Laufsteg zu Ihrem professionellen Catwalk zu machen und sich dort sicher und gekonnt bewegen, können Sie aus der Laufsteg-Falle eine Eigen-PR-Kampagne ungeahnten Ausmaßes machen. Denn im Gegensatz zu Ihren männlichen Kollegen haben Sie eines schon sicher: Das Rampenlicht. Also genießen Sie ganz entspannt die Ihnen zukommende Aufmerksamkeit.

4.10 Die Mrs. Perfect-Falle

Diese Falle geht eng einher mit der Laufsteg-Falle (siehe Abschn. 4.9). Als weibliches Aushängeschild werden Ihre Fehler, Wissenslücken oder gar Unfähigkeiten ganz genau zur Kenntnis genommen.

So geben Führungsfrauen an, ihre fachliche Kompetenz häufiger unter Beweis stellen zu müssen, um die gleiche Wertschätzung und Anerkennung wie ihre männlichen Kollegen zu bekommen (Wunderer und Dick 2002).

Der Erfolg einer Führungsfrau wird gerne als glücklicher Zufall gewertet oder mit der Leichtigkeit der Aufgabe begründet: „War ja klar, das war ja sehr einfach"; „Hat mal wieder Glück gehabt." Bei den männlichen Kollegen lag das natürlich an der fachlichen Kompetenz und hohen Leistungsfähigkeit trotz schwieriger Aufgabe.

Die Angaben von Führungsfrauen oft 150 % leisten zu müssen, zeigen das Dilemma. Sie müssen nicht nur mehr, sondern auch bessere Leistung als ihre männlichen Kollegen erbringen.

Dies führt sie genau mittenhinein in die Mrs. Perfect-Falle. Meist setzt sie sich selbst unter großen Erfolgs- und Leistungsdruck und schafft damit die bedeutendsten Ursachen für chronischen Stress selbst (vgl. Abb. 3.1). Denn gerade die paar Prozent der Übersollerfüllung stehen in keinem Verhältnis zum eingesetzten Zeit- und Energieaufwand.

Sie rutscht damit nicht nur in die Zeit-Falle, sondern es ist mehr als fraglich, ob diese vermeintlich perfekte Leistung von außen wahrgenommen wird. So mancher Schaumschläger erzielt mit der Hälfte des Aufwands eine wesentlich bessere Resonanz.

Mrs. Perfect will aber nicht nur im Beruf, sondern auch im Privatleben perfekt sein. Hier rutscht sie auch wieder mitten in die Rabenmutter- und Helfer-Falle hinein. Die wenige Zeit, die sie für ihre Familie und ihr soziales Umfeld hat, möchte sie optimal nutzen. Sie will den perfekten Haushalt, die perfekte Ehefrau, Mutter, Liebhaberin, Tochter und Freundin sein. Doch das ist eine Vision, die nur in ihren Träumen besteht und für die Betroffene leicht im persönlichen Albtraum mit Zusammenbruch und Burn-out enden kann.

Denn die Rundum-Perfektion schafft einen enormen chronischen Stress, weil das Bedürfnis der Arbeitszufriedenheit niemals erreicht werden kann (vgl. 3.2) und einhergeht mit Leistungsdruck, Arbeitsüberlastung und sozialen Spannungen.

So muss die Führungsfrau erkennen, dass sie ihre eigenen Qualitätsansprüche niemals erreichen kann und mit den eigenen Mängeln leben muss. Mrs. Perfect fühlt sich alles andere als perfekt, sondern sieht sich als Versagerin und entscheidet sich dann im schlechtesten Fall gegen den beruflichen Erfolg.

Das bestätigt auch eine Studie des Bundesfamilienministeriums (Wippermann und Wippermann 2010), in welcher Frauen in erster Linie die schlechte Vereinbarung von Familie und Beruf als Gründe des Berufsausstieges nannten. Erst mit weitem Abstand erfolgten berufliche Kriterien, wie z. B. hohe Leistungsanforderungen.

Wäre es angesichts dieser Erkenntnisse nicht besser, die eigene Perfektion zurückzuschrauben und dadurch weiter als Führungsfrau tätig sein zu können? Und wäre es nicht besser, statt 150 % Überleistung zu erbringen, diese einfach perfekter in Szene zu setzen?

Der Anti-Stress-Trainer rät:

1. **Kleiner Einsatz – große Wirkung:** Arbeiten Sie auf der Basis des Pareto-Prinzips und erzielen damit ein Höchstmaß an Effizienz. Das Pareto-Prinzip besagt, dass Sie mit 20 % des Einsatzes 80 % der angepeilten Ergebnisse erzielen können. Für die weiteren 20 % aber u. U. 80 % des Einsatzes gebracht werden muss (vgl. Wikipedia 2016 Seite „Paretoprinzip"). Also verlieren Sie sich nicht in arbeitsintensiven Teilaufgaben, die Sie viel Zeit kosten und im Projekt keinen Schritt voranbringen. Fokussieren Sie sich stattdessen auf die konsequente Aufarbeitung Ihrer Prioritätenliste. Dazu ist es wichtig Folgendes zu erkennen:
   - Welche meiner Fähigkeiten bringt den meisten Erfolg? Stehen diese auf meiner Prioritätenliste oben?
   - Welche Tätigkeiten sind überflüssig? Kann ich diese sein lassen oder reduzieren? Wo stehen sie auf meiner Prioritätenliste?
   - Sage ich NEIN zu allen Tätigkeiten, die mich behindern und meinem Erfolg im Wege stehen?
   Die konsequente Umsetzung dieses Prinzips hilft Ihnen, beruflich und privat mit kleinem Einsatz große Wirkung zu erzielen.
2. **The show must go on:** Nutzen Sie Ihren Vorteil gegenüber den männlichen Kollegen aus und präsentieren Sie Ihre mit minimalem Einsatz erzielten Ergebnisse in Ihrem Rampenlicht. Gehen Sie dabei bewusst auf die Hauptbühne und lassen Sie sich nicht auf die Nebenbühne drängen. Inszenieren Sie auf der Hauptbühne Ihre Leistung, betreiben Sie Selbstmarketing und stellen Sie Ihren Rang unter Beweis.

3. **Nicht kleckern – klotzen:** Was nützt ihnen 150 % Leistung, die Sie dann aus Gründen aufzufallen kleinreden? Dann doch lieber 20 % wirkungsvoll inszenieren. Halten Sie mit Ihren Leistungen nicht hinter dem Berg und betonen Sie stets, wie viel Kompetenz und Können Sie dafür einsetzen müssen. Lernen Sie von Ihren männlichen Kollegen, ohne sie zu imitieren.

4. **Nobody is perfect:** Lernen Sie, mit Ihren Fehlern zu leben. Gestehen Sie sich zu, nicht alles perfekt machen zu müssen. Oft ist ein improvisiertes Abendessen in lockerer Atmosphäre viel spannender, als ein gestresstes 4-Gänge-Menü. Häufig erweckt eine nicht ins Detail geplante und mit Spontaneität und Witz vorgetragene Präsentation mehr Aufmerksamkeit, als eine perfekte und glatte Vorstellung. Das Schöne daran: Je entspannter Sie mit sich und Ihren Fehlern umgehen, desto entspannter und gelassener wird Ihre Umgebung.

5. **Externe Hilfe holen:** Manchmal stecken hinter der Mrs.-Perfect-Falle auch Glaubenssätze aus der Kindheit, die Sie in Ihrer persönlichen und beruflichen Entwicklung behindern. Nutzen Sie hierfür Coaches, die Ihnen helfen können, diese aufzulösen. Häufig scheuen sich auch Führungsfrauen, ihre Leistung zu betonen. Hier können Ihnen spezielle Coaches für Führungsfrauen behilflich sein, weiblich Ihre Kompetenz zu zeigen.

Das Geheimnis heißt: Mit wenig Einsatz große Wirkung zu erzielen, eigene Fehler zu tolerieren und dann wesentlicher entspannter das Leben als Führungsfrau zu genießen. Lob, Wertschätzung und Anerkennung sind Ihnen sicher.

Worauf warten Sie noch?

Literatur

Bischoff S (2010) Wer führt in (die) Zukunft? Männer und Frauen in Führungspositionen der Wirtschaft in Deutschland, 5. Studie. Bertelsmann, Bielefeld (Deutsche Gesellschaft für Personalführung e. V. (Hrsg) PraxisEditon)

Bundesinstitut für Bevölkerungsforschung (Hrsg) (2013) Familienleitbilder 2012, Vorstellungen, Meinungen, Erwartungen. http://www.bib-demografie.de/SharedDocs/Publikationen/DE/Broschueren/familien_leitbilder_2013.pdf?_blob=publicationFile&v=7. Zugegriffen: 24. März 2016

Bypass (Medizin) (2016) Wikipedia, Die freie Enzyklopädie. Bearbeitungsstand: 14. Mai 2016, 08:57 UTC. https://de.wikipedia.org/w/index.php?title=Bypass_(Medizin)&oldid=154360986. Zugegriffen: 6. Juli 2016

Drehtür-Effekt (2016) Wikipedia, Die freie Enzyklopädie. Bearbeitungsstand: 5. Mai 2016, 07:37 UTC. https://de.wikipedia.org/w/index.php?title=Dreht%C3%BCr-Effekt&oldid=154109435. Zugegriffen: 6. Juli 2016

Edding C, Clausen G (2014) Führung – Frauen und ihre Chefs, Bd 1. Bertelsmann Stiftung, Gütersloh

Erpenbeck M (2004) Stutenbissig?! – Frauen und Konkurrenz: Ursachen und Folgen eines missachteten Störfalls. Wirtschaftspsychologie aktuell 1(4):21 ff.

Holst E, Busch-Heizmann A, Wieber A (2015) Führungskräfte Monitor 2015 – Update 2001–2013. DIW, Berlin

Kastner M (Hrsg) (2009) Die Zukunft der Work-Life-Balance: Wie lassen sich Beruf und Familie, Arbeit und Freizeit miteinander vereinbaren? 5. Aufl. Asanger R, Kröning

Kromm W, Frank G (Hrsg) (2009) Unternehmensressource Gesundheit – Weshalb die Folgen schlechter Führung kein Arzt heilen kann. Symposium, Düsseldorf

Kromm W, Frank G, Gadinger M (2009) Sich tot arbeiten – und dabei gesund bleiben. In: Kromm W, Frank G (Hrsg) Unternehmensressource Gesundheit. Symposium, Düsseldorf, S 27–52

Meuselbach S (2015) Weck die Chefin in Dir – 40 Strategien für mehr Selbstbehauptung im Job. Ariston, München

Modler P (2015) Die Manipulationsfalle – Selbstbewusst im Beruf mit dem Arroganz-Training für Frauen. Fischer Krüger, Frankfurt a. M.

Paretoprinzip (2016) Wikipedia, Die freie Enzyklopädie. Bearbeitungsstand: 19. März 2016, 03:40 UTC. https://de.wikipedia.org/w/index.php?title=Paretoprinzip&oldid=152635859. Zugegriffen: 6. Juli 2016

Rosenstiel L, Regnet E, Domsch M (Hrsg) (2014) Führung von Mitarbeitern: Handbuch für erfolgreiches Personalmanagement, 7. Aufl. Schäffer-Poeschel, Freiburg

Sander G, Hartmann I (2009) Erhöhter Stress bei weiblichen Führungskräften. In: Kromm W, Frank G (Hrsg) Unternehmensressource Gesundheit. Symposium, Düsseldorf, S 241–266

Stor M (2014) Work-Life-Balance Maßnahmen und Kosten-Nutzen Messung für Unternehmen, Die Vereinbarkeit von Privat-und Berufsleben insbesondere bei weiblichen Führungskräften. Diplomica, Hamburg

Wippermann K, Wippermann C (2010) Perspektive Wiedereinstieg. Ziele, Motive und Erfahrung von Frauen vor, während und nach beruflichem Wiedereinstieg, Quantitative Repräsentativuntersuchung von sinus sociovision, 4. Aufl. Bundesministerium für Familie, Senioren, Frauen und Jugend, Berlin

Wippermann C, Calmbach M, Wippermann K (2009) Männer: Rolle vorwärts – Rolle rückwärts? Identitäten und Verhalten von traditionellen, modernen und postmodernen Männern. Barbara Budrich/Opladen & Farmington Hills, MI

Wunderer R, Dick P (2002) Frauen im Management – Ergebnisse einer empirischen Untersuchung. Wirtschaftspsychologie 1(2):29–34

Zimber A, Hentrich S (2009) Führen und gesund bleiben – Ergebnisse der Studie, Psychische Gesundheit von Manager/innen (PsyGeMa)', Fakultät für Angewandte Psychologie. SRH Hochschule, Heidelberg

5

Ein Leben jenseits der Fallen

Wir sind nun miteinander durch die 10 wichtigsten Fallen gegangen, die für den chronischen Stress von Führungsfrauen eine entscheidende Rolle spielen.

Wenn Sie diese in Ihrem Alltag erkennen und mithilfe dieses Büchleins wirksam umgehen können, haben Sie einen gewaltigen Schritt zur Stressreduktion geschaffen. Ein Mehr an Leichtigkeit und Lebensfreude ist Ihnen sicher und ganz nebenbei werden Sie die Anerkennung und Wertschätzung als Führungsfrau bekommen, die Sie sonst trotz harter Arbeit und großer Anstrengung niemals erreicht hätten.

Vorsicht Nebenwirkung Es kann sein, dass sich ganz langsam Ihr Leben verändern wird, Sie bewusster leben und erfahren, was das Wort „Lebensqualität" bedeutet und wie es sich anfühlt, sich selbst der beste Freund zu sein.

© Springer Fachmedien Wiesbaden 2017   **69**
M. von Mayen, *Der Anti-Stress-Trainer für Führungsfrauen,*
DOI 10.1007/978-3-658-12397-0_5

Und sehen Sie die Rolle als Führungsfrau positiv:

> Sie werden sowieso nicht allen Ansprüchen gerecht. Warum machen Sie dann nicht gleich Ihr Ding?
> Werden Sie eine entspannte, kompetente Führungsfrau, die wunderbar weiblich führt.

Wenn ich dazu etwas beitragen könnte, würde mich das sehr freuen.

Viel entspannten Erfolg wünscht Ihnen Ihr Anti-Stress-Trainer

Margarita von Mayen

Printed in the United States
By Bookmasters